Ausbildung und Studium
Geld, Recht, Versicherungen
in einer spannenden Zeit

Ausbildung und Studium

Geld, Recht, Versicherungen in einer spannenden Zeit

ISABELL POHLMANN

verbraucherzentrale

26
Ausbildung – erfolgreich in Betrieb und Schule

Inhalt

48 Erfolgreich im Studium

116
Gut versichert: wichtiger Schutz
für Ausbildung und Studium

78
Nebenjobs und Praktika

94
Neues Zuhause: raus aus
dem Kinderzimmer

134
Früh an später denken:
Sparen und Vorsorgen

Die wichtigsten Fragen und Antworten

→ Egal, wohin es nach der Schule geht ... Für Sie beginnt jetzt eine spannende Zeit – mit neuen Kontakten, Aufgaben, Herausforderungen. Auch finanziell und rechtlich bringt die Ausbildungszeit einige Veränderungen mit sich. Die Suche nach einer Krankenkasse wird häufig genauso zum Thema wie die Steuererklärung oder der erste eigene Mietvertrag.

Ganz gleich, ob Sie sich für eine duale oder schulische Ausbildung entscheiden, ein Studium beginnen oder ein Praktikum absolvieren wollen, dieser Ratgeber klärt die entscheidenden Fragen. Und auch diejenigen, die nach der Schule noch nicht genau wissen, wo die berufliche Zukunft liegen soll, finden in diesem Buch Tipps für die Warteschleife.

Die Verbraucherzentralen beantworten in ihren bundesweit rund 200 Beratungsstellen jährlich Hunderttausende von Fragen und helfen bei der Lösung von Problemen, die Verbraucherinnen und Verbraucher an uns herantragen. Auch zukünftigen Auszubildenden, Studierenden und Praktikantinnen und Praktikanten können wir wertvolle Ratschläge geben, unter anderem zu Themen wie der Berufsunfähigkeitsversicherung sowie rund um finanzielle und rechtliche Aspekte.

Wer den Kopf frei hat, lernt besser. Wir möchten Ihnen mit diesem Ratgeber die nötige Unterstützung bieten.

Ich ziehe fürs Studium von zu Hause aus. Brauche ich jetzt viele neue Versicherungen?

Nein, beim Versicherungsschutz läuft vieles weiter wie bisher. Wenn Sie noch keine 25 Jahre alt sind und mit dem Studium beginnen, können Sie zum Beispiel häufig weiter über die Krankenkasse der Eltern beitragsfrei versichert bleiben. Auch wenn Ihre Eltern eine Privathaftpflichtversicherung haben, können Sie bis zum Ende der ersten Ausbildung über diesen Vertrag Schutz behalten. Eventuell, wenn Sie eine eigene Wohnung haben, kann aber eine eigene Hausratversicherung für Sie interessant werden, aber selbst das muss nicht sein, denn auch hier kann der Schutz über den Familienvertrag weitergelten. Um andere eigene Verträge sollten Sie sich allerdings doch kümmern, etwa um eine private Auslandsreisekrankenversicherung, wenn Sie in den Urlaub fliegen. Auch der frühzeitige Abschluss einer Berufsunfähigkeitsversicherung hat Vorteile.

→ Seite 127

Lohnt sich für mich als Azubi überhaupt schon die Steuererklärung?

Das kommt auf Ihr Einkommen an. Angenommen, Sie verdienen zum Beispiel im Normalfall 750 Euro brutto im Monat und sind in Steuerklasse I. Dann wird Ihr Arbeitgeber auch noch keine Lohnsteuer von Ihrem Gehalt einbehalten und an das Finanzamt überweisen. Entsprechend bringt die Steuererklärung kein Geld zurück. Wenn Sie aber zum Beispiel in einzelnen Monaten einen Bonus, Urlaubs- oder Weihnachtsgeld erhalten haben, kann es sein, dass der Arbeitgeber in diesen Monaten doch Lohnsteuer von Ihrem Verdienst einbehalten hat. Diese können Sie sich über die Steuererklärung häufig komplett zurückholen, da Sie ja nicht das ganze Jahr über so viel verdient haben. Es lohnt sich also zumindest, die monatlichen Gehaltsabrechnungen genau anzusehen und zu schauen, ob im Einzelfall Lohnsteuer geflossen ist.

→ Seite 41

An den Sozialabgaben für meine Jobs neben der Uni kann ich nichts ändern, oder doch?

Eventuell schon! Häufig lohnt es sich, genau zu schauen, wann Sie arbeiten, wie lange und in welchem Zeitraum. Wenn Sie zum Beispiel nur in den Semesterferien jobben wollen, achten Sie darauf, dass Sie nicht mehr als drei Monate am Stück arbeiten, denn dann müssen Sie für Ihren Verdienst keine Sozialabgaben leisten, und Sie können trotzdem noch beitragsfrei über Ihre Eltern in der gesetzlichen Familienversicherung bleiben oder in der günstigen studentischen Krankenversicherung. Wenn Sie im Semester arbeiten, achten Sie darauf, dass Sie übers Jahr im Schnitt höchstens 450 Euro im Monat oder 5400 Euro insgesamt verdienen. Dann ist es ebenfalls möglich, Abzüge komplett zu umgehen. Verdienen Sie hingegen regelmäßig mehr als 450 Euro, ist es mit der Abgabenfreiheit vorbei. Zudem setzen Sie einen möglichen Anspruch auf BAföG aufs Spiel.

→ Seite 79

Ich bin auf Wohnungssuche. Muss ich alle Fragen der Vermieter beantworten?

Nein, nicht alle! Natürlich will der Vermieter wissen, ob Sie sich die Wohnung tatsächlich leisten können oder ob ein Risiko besteht, dass er sein Geld nicht bekommen wird. Deshalb darf er Sie zum Beispiel nach Ihrem Einkommen fragen. Sie müssen ihm aber keine korrekte Antwort geben, wenn er beispielsweise nach Ihrem Partner, einem Kinderwunsch oder Ihrem Musikgeschmack fragt. Wichtig vielleicht noch: Wenn Sie den Zuschlag für die Wohnung oder ein Zimmer bekommen, fertigen Sie vor dem Einzug ein Übergabeprotokoll an, in dem sämtliche Macken in den Türen oder Kratzer im Parkett vermerkt sind. Solche Mängel führen beim Auszug nicht selten zum Streit: Nicht dass Sie für Dinge verantwortlich gemacht werden, die vorher schon schiefgelaufen sind.

→ Seite 95

Der Bankberater sagt, ich soll fürs Alter vorsorgen. Muss ich das mit 20 schon tun?

Etwas Geld zurückzulegen ist sicherlich sinnvoll, allerdings ist das Sparen fürs Alter nicht unbedingt das erste Sparziel, das Sie mit 20 angehen sollten. Was nützt es Ihnen, wenn Sie zum Beispiel regelmäßig eine feste Summe in eine Rentenversicherung einzahlen, aber kurzfristig Geld benötigen, um Ihr Auto zu reparieren oder ein Auslandspraktikum zu finanzieren? Gerade in jungen Jahren sollten Sie beim Sparen in erster Linie flexibel bleiben. Ein erstes Sparziel sollte sein, dass Sie ein finanzielles Notfallpolster erreichen, auf das Sie zurückgreifen können, wenn es eng wird. Wenn Sie dann noch Geld übrig haben, sollten Sie es möglichst flexibel anlegen, sodass Sie darüber verfügen können, wenn Sie es je nach Ihren persönlichen Sparzielen brauchen, zum Beispiel um in zehn Jahren eine eigene Immobilie zu finanzieren. Allerdings: Bis dahin kann eine Menge passieren. Letztlich können Sie auch noch mit Ende 20 oder Anfang 30 mit der konkreten Altersvorsorge beginnen – wenn Sie genauer absehen können, wie viel Geld Sie monatlich überhaupt regelmäßig auf die Seite legen können.

→ Seite 135

Miete, Heizkosten, Internet – irgendwie wächst mir das über den Kopf. Was kann ich tun?

Es kommt darauf an, wie weit Ihnen die Ausgaben schon über den Kopf wachsen. Wenn Sie am Monatsende immer mal knapp dran sind, aber irgendwie doch noch alles bezahlt bekommen, hilft es vielleicht schon, wenn Sie an ein paar Stellen Ihre Ausgaben herunterschrauben. Der erste Schritt dahin: Verschaffen Sie sich einen Überblick, wofür Sie regelmäßig Geld ausgeben und wie viel das ist. Prüfen Sie im nächsten Schritt, ob es Posten gibt, die Sie günstiger bekommen können. Suchen Sie zum Beispiel nach einem neuen Telefon- oder Stromanbieter. Vielleicht lässt sich da etwas herausholen. Im Internet finden Sie zudem unter verbraucherzentrale.de einige kostenlose Tipps zum Energiesparen. Gehen Ihre Probleme weiter – zum Beispiel, weil Sie manche Rechnung schon nicht bezahlt haben – suchen Sie sich fachliche Unterstützung in einer Schuldnerberatung. Je früher, desto besser!

→ Seite 14

Start frei
für eine spannende Zeit

Ob Medizinstudium oder Tischlerlehre, ob Work-and-Travel in Australien oder FSJ in der Altenpflege: Nach Ende der Schulzeit ändert sich vieles, und Sie stehen vor neuen Herausforderungen – auch finanziell und rechtlich. Zeit, um sich einen Überblick zu verschaffen.

„Am liebsten würde ich zum Studium nach Köln. Keine Ahnung, ob es klappt."

„Ich bin in Runde zwei. Noch fünf Kandidaten für zwei Ausbildungsplätze."

„Gestern habe ich nach Australien-Flügen geschaut. Die kosten mehr, als ich dachte."

Gerade im letzten Jahr, spätestens in den letzten Monaten und Wochen vor Ende der Schulzeit werden die Pläne für die Zeit danach meist konkreter. Und plötzlich ist er da, der allerletzte Tag in der Schule – mit Zeugnisübergabe, Abschlussball und mehr oder weniger tränenreichen Verabschiedungen von Mitschülerinnen und Mitschülern sowie der gesamten Lehrerschaft. Die Kontaktdaten und Adresslisten sind längst gespeichert, der lang ersehnte Urlaub ist gebucht, der Ferienjob vereinbart. Viele von Ihnen werden dann schon den Ausbildungsvertrag unterschrieben oder das Vorstellungsgespräch im Praktikumsbetrieb erfolgreich überstanden haben. Andere haben sich für eine neue Schule angemeldet und wieder andere werden weiterhin unsicher sein: „Wie geht es weiter? Will ich studieren und was? Wo finde ich einen Studienplatz?"

Die „Wie-weiter-Frage" ist sicher die allerwichtigste Entscheidung, doch parallel laufen andere Fragestellungen mit. „Wo und wie werde ich wohnen? Wie kann ich meinen Lebensunterhalt finanzieren? Wer kann mich unterstützen?"

Vielleicht sind Sie auch schon einen Schritt weiter – arbeiten bereits im Ausbildungsbetrieb oder haben die ersten Semester samt Hausarbeiten und Abschlussklausuren bereits hinter sich? Dann haben Sie vermutlich Ihre ersten guten wie schlechten Erfahrungen gemacht, etwa bei der Suche nach der ersten eigenen Wohnung oder einem passenden Nebenjob.

Egal, an welchem Punkt Sie jetzt stehen: In den nächsten Monaten und Jahren Ihrer Ausbildung werden Sie immer wieder vor finanziellen Entscheidungen und rechtlichen Fragen stehen, an die Sie als Schülerin oder Schüler vermutlich kaum gedacht haben. Hier hilft Ihnen dieser Ratgeber. Er zeigt,

→ wie Sie den Überblick über Ihre eigenen Finanzen behalten können → Seite 14
→ welche Rechte und Pflichten Sie als Azubi haben → Seite 27
→ wie Sie Ihre Zeit an der Uni finanzieren und welche Förderung Sie einstreichen können → Seite 49
→ was während längerer Warteschleifen in Sachen Kindergeld und Sozialversicherung zu beachten ist → Seite 69
→ wie Sie netto möglichst viel aus Ihrem Bruttogehalt aus Nebenjobs und Praktika herausholen → Seite 79
→ worauf Sie vor Unterschrift Ihres ersten eigenen Mietvertrags achten sollten → Seite 95
→ welchen Versicherungsschutz Sie neuerdings brauchen → Seite 117 und
→ wie Sie schon in jungen Jahren Ihr Geld möglichst flexibel anlegen können → Seite 135.

Auf eigenen Füßen

All die genannten Themen werden in der Zeit „nach der Schule" immer mehr zu Ihrem Alltag gehören. Um den Absprung ins Berufsleben und in die Selbstständigkeit komplett vollziehen zu können, ist es eine wichtige Voraussetzung, dass Sie sämtliche Entscheidungen tatsächlich alleine treffen dürfen. Deshalb passt es gut, dass der 18. Geburtstag und der Absprung von zu Hause zeitlich häufig nicht zu weit auseinanderliegen.

Für die Unabhängigkeit von anderen Erwachsenen ist vor allem die „volle Geschäftsfähigkeit" eine wichtige Voraussetzung. Sie können zum Beispiel selbst entscheiden, bei welchem Anbieter Sie Ihren Vertrag für Festnetz und Internet unterschreiben oder in welchem Fitnessstudio Sie sich anmelden. Die Unabhängigkeit macht sich aber auch schon bei vielen kleinen ganz alltäglichen Dingen bemerkbar. So benötigen Sie beispielsweise für eine Banküberweisung oder einen Dauerauftrag von Ihrem Girokonto als Volljähriger keine Zustimmung der Eltern.

Erfolgreicher Familienpakt

Auch wenn Sie ab Volljährigkeit rein rechtlich komplett vieles allein schaffen können: Es gibt viele Situationen, in denen sich ein intaktes Familienleben und die Unterstützung der Eltern deutlich bezahlt machen können. Zum Beispiel bei den Versicherun-

CHECKLISTE

Das ändert sich mit dem 18. Geburtstag

→ **Geschäftsfähigkeit:** Sie sind voll geschäftsfähig. Das bedeutet, Sie dürfen zum Beispiel selbst Ihren Miet- oder Handyvertrag unterschreiben und benötigen nicht mehr das Einverständnis Ihrer Eltern. Sie können außerdem ohne die Zustimmung Ihrer Eltern ein Bankkonto eröffnen.

→ **Arbeitszeiten:** Für Sie gelten nicht mehr die Bestimmungen des Jugendarbeitsschutzgesetzes. Vor dem 18. Geburtstag durften Sie in der Regel maximal acht Stunden am Tag und 40 Stunden in der Woche arbeiten, Nachtarbeit war tabu. Ab 18 haben Sie hier mehr Spielräume.

→ **Führerschein:** Sie dürfen nach bestandener Führerscheinprüfung ohne Begleitung einer anderen Person ein Auto oder Motorrad lenken. Wenn Sie am „begleiteten Fahren mit 17" teilgenommen hatten, dürfen Sie die Bescheinigung, die Sie bei bestandener Prüfung erhielten, als Volljähriger nun gegen den richtigen EU-Führerschein eintauschen.

→ **Eigene Wohnung:** Sie können frei entscheiden, wo Sie wohnen wollen. Allerdings müssen Ihre Eltern Sie mit einer eigenen Wohnung nicht unbedingt finanziell unterstützen. Solange Sie wirtschaftlich noch nicht auf eigenen Beinen stehen, haben Ihre Eltern die Möglichkeit, Ihren Unterhaltspflichten durch Bar- oder Naturalunterhalt gerecht zu werden. Es kann somit auch sein, dass Ihre Eltern Ihnen während Ihrer Ausbildung keine Geldsumme auszahlen, sondern Ihnen ermöglichen, weiter im Elternhaus zu wohnen und Ihnen dann ein Taschengeld zahlen.

→ **Jugendschutzbestimmungen:** Mit 18 gelten zum Beispiel neue Regeln für den Kauf von Tabak und Alkohol oder den Zugang zu Filmen.

→ **Strafrecht:** Sie können nach Erwachsenenstrafrecht verurteilt werden. Zwischen dem 18. und dem 21. Geburtstag gelten Sie allerdings noch als Heranwachsender, sodass Sie in dieser Zeit auch noch nach Jugendstrafrecht verurteilt werden könnten.

→ **Heiraten:** Sie dürfen die Ehe schließen. Solange Sie zwar älter als 16, aber noch keine 18 Jahre alt waren, durften Sie nur heiraten, wenn der Partner bereits volljährig war und das Familiengericht der Ehe zugestimmt hat.

gen: Sie können sich die Beiträge für verschiedene Versicherungsverträge sparen, wenn Ihre Eltern den entsprechenden Vertrag haben. Das zahlt sich zum Beispiel in der Autoversicherung aus, wenn Sie einen Wagen nicht selbst versichern müssen, sondern auf einen Vertrag von Mutter oder Vater zurückgreifen können. Oder zum Beispiel bei der Wohnungssuche: Weiß der Vermieter, dass die Eltern hinter der Wohnungssuche stehen und gegebenenfalls finanziell einspringen, sind die Chancen auf die erhoffte Traumwohnung oftmals größer.

Und nicht zu vergessen der Punkt „finanzielle Unterstützung": Es ist für alle am einfachsten und entspanntesten, wenn es keinen Streit über die Art der Unterhaltsleistungen gibt, auf die Sie Anspruch haben, solange Sie sich wirtschaftlich nicht selbst versorgen können. Außerdem ist es nicht zu unterschätzen, wenn zum Beispiel die Mutter nach dem Wochenende eine Tasche voller Lebensmittel für den WG-Kühlschrank mitgibt oder auch noch einmal einen Blick in kleingedruckte Antragsformulare wirft.

Die Finanzen im Griff

Ob mit oder ohne die Eltern im Hintergrund: Um möglichst unabhängig zu sein, kommen Sie nicht umhin, die eigenen Finanzen selbst im Griff zu haben. Mit Beginn von Ausbildung oder Studium kommen auf Sie neue Ausgaben zu, und häufig müssen Sie selbst Wege finden, um diese – zumindest zum Teil oder auch komplett – bewältigen zu können. Der eigene Haushalt kostet Geld, genauso wie der Weg zur Arbeit, Fachbücher, Internetflat oder auch Kino- und Kneipenbesuch und Reisen in den Semesterferien. Versuchen Sie, möglichst schnell einen Überblick zu bekommen, was Sie ausgeben und welche Einnahmen Ihnen zur Verfügung stehen.

→ **TIPP**

Über ratgeber-verbraucherzentrale.de können Sie eine Monats- und Wochenübersicht kostenlos zum Ausfüllen herunterladen. Geben Sie auf der Internetseite „Haushaltsbuch" ein. Dann stoßen Sie nicht nur auf ein Buch, das Sie bestellen können, sondern auch auf das kostenfreie Download-Angebot. Auf Seite 16 in diesem Ratgeber finden Sie zudem eine Gesamtübersicht, die Sie als Ausfüllhilfe nutzen können.

Es mag spießig klingen, aber es schadet sicher nichts, für ein paar Wochen regelmäßig aufzuschreiben, welche Einnahmen Ihnen jeweils zur Verfügung stehen und wofür Ihr Geld weggeht. Einen ersten Überblick bekommen Sie, wenn Sie die Kontoauszüge der letzten Wochen durchgehen. Allerdings besteht die Gefahr, dass Sie dann manche

 CHECKLISTE

Durchschnittliche Ausgaben

Gerade kurz vor oder nach dem Absprung von zu Hause stehen, haben Sie eventuell noch gar keine Vorstellung davon, wie viel Sie künftig aufbringen müssen. Erste Anhaltspunkte gibt die 21. Sozialerhebung des Deutschen Studentenwerks: Im Sommersemester 2016 wurden mehr als 55.000 Studierende befragt, die im Durchschnitt jeden Monat folgende Ausgaben hatten:

→ Miete: 323 Euro
→ Ernährung: 168 Euro
→ Kleidung: 42 Euro
→ Lernmittel: 20 Euro
→ Auto und/oder öffentliche Verkehrsmittel: 94 Euro
→ Gesundheit (Krankenversicherung, Medikamente, Arztbesuche): 80 Euro
→ Kommunikation: 31 Euro
→ Freizeit/Kultur/Sport: 61 Euro

Achtung: Es handelt sich um Durchschnittswerte. Je nach Wohnort und je nach Ihren persönlichen Ansprüchen können Ihre eigenen Ausgaben natürlich davon abweichen. Vor allem beim Punkt Miete sind je nach Wohnort enorme Unterschiede möglich. Beachten Sie zudem, dass gerade in vielen großen Hochschulstädten die Mieten in den vergangenen Jahren – also seit der Erhebung – noch einmal angezogen haben, sodass Sie womöglich mit mehr Ausgaben rechnen müssen. Gerade zu Beginn kommen oft noch andere Posten dazu, etwa die Erstausstattung eines WG-Zimmers.

Keine Studierende: Für Auszubildende oder auch Abiturienten in der Übergangsphase dürften viele der für Studierende erhobenen Werte vergleichbar sein, etwa, was die Ausgaben für die Miete und Kommunikation angeht. Dagegen dürften zum Beispiel beim Punkt Gesundheit die Ausgaben häufig abweichen, da sich etwa der Beitrag für Auszubildende im Betrieb komplett anders errechnet.

Posten vergessen, wenn zum Beispiel die Rundfunkgebühr einmal im Vierteljahr abgerechnet wird oder die Ausgaben für die Hausratversicherung und die BahnCard nur einmal im Jahr. Überlegen Sie deshalb bei Ihrem Budgetcheck, welche Ausgaben Sie regelmäßig und welche Sie zusätzlich in unregelmäßigen Abständen haben.

CHECKLISTE

Meine Budgetplanung

monatlich ca. Euro

Regelmäßige Einnahmen, zum Beispiel

☐ Zahlungen von Eltern oder Großeltern _____

☐ Kindergeld _____

☐ Auszubildendengehalt _____

☐ Einkommen aus (Neben-)Jobs _____

☐ BAföG, Berufsausbildungsbeihilfe _____

☐ Sozialleistungen (etwa Wohngeld, Arbeitslosengeld II) _____

☐ Studienkredit _____

☐ Stipendium _____

☐ (Halb-)Waisenrente _____

☐ Sonstiges _____

Summe der möglichen Einnahmen _____

Regelmäßig wiederkehrende Ausgaben, zum Beispiel

☐ Kaltmiete/Mietanteil (WG) _____

☐ Energieverbrauch (Heizung, Strom, Wasser, Gas) _____

☐ Handy/Festnetz/Internet _____

☐ Rundfunkbeitrag _____

☐ Lebenshaltung (Getränke, Nahrungsmittel) _____

☐ Essen außer Haus (Mensa, Kantine, Pausensnacks) _____

☐ Genussmittel (Spirituosen, Zigaretten, Süßigkeiten) _____

☐ Gesundheit/Körperpflege/Bekleidung (Medikamente, Duschgel) _____

☐ Haushalt (Waschpulver, Putzzeug) _____

☐ Freizeit (Partys, Kino/Theater, Filme/Musik/Games, Bücher, Abos, Hobbys/Sport) _____

☐ Auto (Versicherung, Steuern, Benzin, TÜV, Reparatur) _____

☐ Fahrtkosten (Monatsticket Arbeit/Uni, Heimfahrten) _____

☐ Studium/Ausbildung (Studiengebühren, Bücher, Kopierkosten, Druckerpatronen) _____

☐ Versicherungen (Kranken-, Hausratversicherung) _____

☐ Sparen für „Notfallpolster" _____

☐ Sonstiges _____

Summe der möglichen Ausgaben _____

Kurzüberblick: die wichtigsten Einnahmen und Ausgaben

Das selbst verdiente Geld ist häufig eine wichtige Grundlage, um tatsächlich den Sprung in die Selbstständigkeit zu schaffen. Ausführlich werden wir darauf in den Kapiteln zur betrieblichen Ausbildung → Seite 26, zum Studium → Seite 48 sowie im Extra-Kapitel „Nebenjobs und Praktika" → Seite 78 eingehen. Für viele Auszubildende und Studierende dürfte allerdings der Finanzzuschuss der Eltern noch wichtiger sein: So gaben in der 21. Sozialerhebung des Deutschen Studentenwerks immerhin 86 Prozent der Befragten an, dass sie eine Finanzspritze von zu Hause erhalten. Auch eine Vielzahl der Auszubildenden im Betrieb wird kaum allein vom Gehalt und ohne die familiäre Unterstützung auskommen.

Doch wie ist das eigentlich mit der Unterstützung durch die Eltern? Gibt es feste Regeln? Müssen Eltern regelmäßig eine bestimmte Summe zahlen oder ist es rein rechtlich auch anders möglich, den Nachwuchs zu unterstützen?

Anspruch auf Unterhalt

Grundsätzlich sind sich Eltern und Kinder wechselseitig ein Leben lang zum Unterhalt verpflichtet. Solange Sie Ihre erste Ausbildung noch nicht abgeschlossen haben, genie-

Geld für eine Ausbildung

„Kinder haben bis zum Ende ihrer ersten Ausbildung Anspruch auf Unterhalt von den Eltern", sagt **Martin Wahlers, Fachanwalt für Familienrecht.** „Als eine Ausbildung gilt auch, wenn Sie sich zunächst für den Bachelor und anschließend für einen aufbauenden Masterstudiengang entscheiden. Auch wenn Sie zuerst beispielsweise eine Banklehre machen und ein BWL-Studium direkt anschließen, ist es im Normalfall kein Problem. Merken Sie in den ersten Semestern, dass ein gewähltes Studienfach doch die falsche Wahl war, und entscheiden Sie sich dann für ein anderes Fach oder doch für eine betriebliche Ausbildung, ist dieser eine Wechsel in Sachen Unterhalt auch noch kein Problem. Wenn Sie allerdings schon eine erste Ausbildung, etwa als Bäcker, abgeschlossen haben und sich dann doch noch für ein Ingenieurstudium entscheiden, müssen die Eltern keinen Unterhalt mehr zahlen."

ßen Sie einen rechtlichen Anspruch auf die Unterstützung Ihrer Eltern. Sie sind verpflichtet, für Sie Unterhalt zu leisten – wenn sie es können. Haben die Eltern allerdings nicht die ausreichenden finanziellen Mittel, um Sie zu unterstützen, müssen sie auch nicht zahlen.

Die Unterhaltspflicht gilt sowohl für minderjährige Auszubildende als auch für junge Leute, die bereits den 18. Geburtstag gefeiert haben. Eigentlich endet der Unterhaltsanspruch von Kindern mit der Volljährigkeit. Doch wenn Sie bis dahin wirtschaftlich noch nicht in der Lage sind, für sich selbst zu sorgen, sind Ihre Eltern weiter in der Pflicht, Sie zu unterstützen. Sollten die Eltern ihrer Pflicht nicht nachkommen, können im Einzelfall auch die Großeltern unterhaltspflichtig werden. Wie hoch der Unterhaltsanspruch von Kindern ist, hängt von deren Alter, dem Einkommen der Eltern und der Anzahl der unterhaltspflichtigen Kinder ab.

→ **TIPP**

Einen Anhaltspunkt, wie hoch der Unterhaltsanspruch in etwa ist, gibt die sogenannte Düsseldorfer Tabelle. Diese Tabelle, die auf das Oberlandesgericht Düsseldorf zurückgeht, ist zwar nicht rechtlich bindend, aber sie gilt für mögliche Auseinandersetzungen zur Unterhaltpflicht als Leitlinie. Die aktuellen Werte der Düsseldorfer Tabelle finden Sie unter olg-duesseldorf.nrw.de.

Für volljährige Kinder, die einen eigenen Haushalt führen, wird derzeit ein Unterhaltsbedarf von 735 Euro im Monat angesetzt. Auf diesen Betrag werden allerdings die Einnahmen des Kindes mit angerechnet.

Dazu gehören unter anderem das Ausbildungsgehalt, Stipendienzahlungen, BAföG oder eine (Halb-)Waisenrente.

Beide Elternteile sind unterhaltspflichtig, ganz gleich, ob sie miteinander verheiratet sind oder sich getrennt haben. Anhand des jeweiligen Einkommens von Vater und Mutter wird ermittelt, wer wie viel zu zahlen vermag. Natürlich kann es auch passieren, dass zum Beispiel der von der Mutter geschiedene Vater nicht zahlen will. Hilft kein direktes Gespräch, holen Sie sich anwaltliche Unterstützung. Sollte es mit anwaltlicher Hilfe nicht gelingen, sich außergerichtlich zu einigen, bleibt im letzten Schritt nur noch eine Klage beim Familiengericht.

Ihre Eltern müssen ihrer Unterhaltspflicht allerdings nicht zwingend in der Form nachkommen, dass sie Ihnen die in der Düsseldorfer Tabelle genannte Summe überweisen. Der finanzielle Zuschuss, der sogenannte Barunterhalt, ist zwar die häufigste Form der Unterhaltszahlungen, doch es muss nicht immer so sein. Eltern können auch Naturalunterhalt leisten, indem sie ihre Kinder zum Beispiel nach der Schulzeit mit einer kostenlosen Unterkunft oder in Form von Lebensmitteln unterstützen. Bieten sie dem Kind an, dass es weiter kostenlos bei ihnen wohnen kann und ein Taschengeld bekommt, können Sohn oder Tochter nicht automatisch

Rechtsrat sichern

Um die Ausgaben für anwaltliche Hilfe bei Unterhaltsstreitigkeiten gering zu halten, rät **Rechtsanwalt Martin Wahlers,** zunächst zum Amtsgericht zu gehen: „Dort können Sie sich einen Beratungshilfeschein besorgen. Mit diesem Schein können Sie sich, abgesehen von einer geringen Gebühr, kostenlos bei einem Rechtsanwalt oder einer Rechtsanwältin beraten lassen. In einigen Bundesländern erfolgt die Beratung gleich direkt beim Amtsgericht."

von den Eltern verlangen, dass sie stattdessen finanziellen Unterhalt für eine eigene Wohnung leisten. Wenn es aber beispielsweise aufgrund einer zu weiten Entfernung zur Ausbildungsstelle oder Hochschule für Sohn oder Tochter unzumutbar wäre, weiterhin bei den Eltern zu wohnen, können sie darauf bestehen, den Unterhalt als Geldleistung zu bekommen. Weitere Gründe wären zum Beispiel Gewalt in der Familie, unzumutbare Kontrollmaßnahmen durch die Eltern oder eine zu enge Wohnung für die gesamte Familie. In solchen Fällen können die Kinder beim Vormundschaftsgericht beantragen, dass die Eltern ihnen den Unterhalt als Geldleistung zukommen lassen.

Finanzielle Unterstützung vom Staat

Solange Kinder Ihre erste Ausbildung nicht abgeschlossen haben und noch keine 25 Jahre alt sind, können Eltern Kindergeld bekommen. Eventuell profitieren sie im Rahmen der Steuererklärung zusätzlich von diversen Steuerfreibeträgen. Unter Umständen werden Kindergeld und Kinderfreibeträge sogar etwas über den 25. Geburtstag hinaus gewährt, zum Beispiel wenn sich das Kind freiwillig zum Wehr- oder Grenzschutzdienst verpflichtet hat. Dann kann die Zahlung verlängert werden. Für ein freiwilliges soziales Jahr verlängert sich der Anspruch hingegen nicht.

Den Antrag auf Kindergeld stellen die Eltern bei der Familienkasse, die meist bei der örtlichen Arbeitsagentur angesiedelt ist. Wenn ein Kindergeldanspruch besteht, zahlt die Familienkasse für das erste und das zweite Kind bis Mitte 2019 je 194 Euro im Monat, für das dritte Kind 200 und für jedes weitere Kind 225 Euro. Ab dem 1. Juli 2019 wird das Kindergeld um jeweils 10 Euro im Monat steigen.

Für den Anspruch auf Kindergeld spielt es keine Rolle, wie hoch das eigene Einkommen der Kinder ist. Kritisch kann es aber werden, wenn zwischen zwei Ausbildungsabschnitten zu viel Zeit vergeht. Dauert eine Übergangsphase zwischen zwei Ausbildungsabschnitten länger als vier Monate, zahlt die Familienkasse nur weiter, wenn sich der Ausbildungswille nachweisen lässt. Dazu gehört, dass Sie sich ernsthaft bei verschiedenen

Arbeitgebern um einen Ausbildungsplatz oder bei verschiedenen Hochschulen um einen Studienplatz bemühen. Am besten, Sie erstellen eine Übersicht zu den einzelnen Bewerbungen und Vorstellungsgesprächen, um so Ihre Bemühungen zu belegen. Eine Bewerbung pro Monat reicht nicht aus, hat das oberste Finanzgericht, der Bundesfinanzhof, entschieden (BFH, Aktenzeichen VI R 10/14).

Sind Sie unter 21 und auf Jobsuche, sollte Sie der erste Weg zur Bundesagentur für Arbeit führen: Melden Sie sich arbeitssuchend oder beziehen Sie Arbeitslosengeld II („Hartz IV"), haben Sie weiterhin Anrecht auf Kindergeld.

Absolvieren Sie eine zweite Ausbildung, kann ebenfalls weiter Kindergeld fließen. Sie dürfen dann allerdings im Monatsdurchschnitt nicht mehr als 20 Stunden in der Woche arbeiten. Ein 450-Euro-Minijob ist aber erlaubt.

→ **TIPP**

Kommen die Eltern ihrer Unterhaltspflicht gar nicht oder nur unregelmäßig nach, können Sohn oder Tochter bei der Familienkasse beantragen, dass das Kindergeld direkt an sie fließt und nicht auf das Konto der Eltern. Für den Fall müssen Sie bei der Familienkasse einen „Antrag auf Abzweigung" stellen, damit das Geld direkt an Sie gezahlt wird.

Auf weitere wichtige Fördermaßnahmen wie BAföG und Berufsausbildungsbeihilfe werden wir im Verlauf dieses Ratgebers noch eingehen. Eine andere Hilfe, die Sie im Notfall bekommen können, ist „Hartz IV": Das Geld kann fließen, auch wenn Sie bisher noch nicht gearbeitet haben und nun auf der Suche nach einem Ausbildungsplatz sind. Wenn zum Beispiel Ihre Eltern Arbeitslosengeld II („Hartz IV") beziehen und nicht in der Lage sind, Sie und sich selbst finanziell zu unterhalten, können auch Sie finanzielle Unterstützung bekommen. Sie müssen mindestens 15 Jahre alt, erwerbsfähig sowie hilfebedürftig sein und ihren gewöhnlichen Aufenthaltsort in Deutschland haben. Zuständig sind in der Regel die Jobcenter.

→ **TIPP**

Es würde den Rahmen dieses Ratgebers sprengen, auf sämtliche Hilfeleistungen von Arbeitslosengeld bis Wohngeld mit den entscheidenden Regelungen einzugehen. Um die Leistungen je nach Einzelfall bestmöglich nutzen zu können, sollten Sie sich Expertenrat holen. Ansprechpartner finden Sie zum Beispiel in Familien- und Jugendberatungsstellen, etwa von den Wohlfahrtsverbänden. Nach Adressen von Beratungsstellen in Ihrer Nähe können Sie auf der Internetseite von „Deutsche Arbeitsgemeinschaft von Jugend- und Eheberatung" unter dajeb.de suchen.

So ein Monat ist lang

Wie kommen Sie jeden Monat finanziell klar? Ein dicker Posten auf der Ausgabenseite dürften für viele Studierenden und Auszubildende die Wohnungskosten sein – wenn sie nicht mehr bei ihren Eltern leben. Meldungen über ständig steigende Mieten, gerade auch in vielen Hochschulstädten, machen wenig Hoffnung auf ein günstiges Zimmer. In dieser Umgebung eine bezahlbare Unterkunft zu finden, dürfte gerade für viele Neulinge an der Uni ein wahrer Glücksfall sein. Wer neu in eine Stadt kommt, hat dort häufig noch kein großes Netzwerk an Freunden, die jemanden kennen, der jemanden kennt mit einem freien Zimmer. Deutlich günstiger dürfte es da sein, wenn Sie die Möglichkeit haben, während Ihrer Ausbildung oder im Studium weiter bei Ihren Eltern zu leben. Andererseits: Selbst wenn es von der Distanz zu Arbeit oder Uni möglich wäre, dürfte das häufig nicht der gewünschte Dauerzustand sein.

Neben der Miete bleiben weitere wichtige Ausgaben, etwa für Lebensmittel, Hygieneartikel, Handyvertrag und Internetanschluss → Übersicht Seite 16.

Umso wichtiger ist es, wenn Sie wissen, wo Sie sparen können. Gerade wenn Sie noch in der Ausbildung sind, profitieren Sie von diversen Vergünstigungen. Sie können in der Regel zum Beispiel günstiger ins Kino oder Theater gehen, bekommen häufig Preisnachlässe für Bus- und Bahntickets oder können einen billigeren Telefon- und Internettarif abschließen. Um zu sparen, lohnt es sich außerdem, wenn Sie sich die Zeit nehmen, Ihre Unterlagen zu durchforsten und die Ausgaben loswerden, die Ihnen gar nichts mehr bringen: Nutzen Sie das Fitnessstudio tatsächlich noch so häufig, dass sich die Mitgliedschaft samt Monatsbeitrag lohnt, oder bietet sich der günstige Hochschulsport als Alternative an? Wollen Sie Mitglied im Sportverein Ihrer Heimatstadt bleiben, auch wenn Sie nur noch dreimal im Jahr vor Ort sind? Benötigen Sie dort noch die Mitgliedskarte für die Stadtbibliothek? Gerade nach einem Umzug können solche Entscheidungen helfen, überflüssige Kosten zu sparen.

→ **TIPP**

Geht's nicht günstiger? Gerade bei Smartphone und Co. lohnt es sich in jedem Fall, regelmäßig zu schauen, ob es günstigere oder passendere Angebote gibt – mit mehr Datenvolumen oder anderen Highlights, die Ihnen wichtig sind. Es lohnt sich häufig, sich die Zeit zum Vergleichen und Wechseln zu nehmen. Hilfe beim Vergleichen bieten viele Onlineportale wie check24.de**, verivox.de oder** toptarif.de**.**

Vorbereitet für den Engpass

Auch wenn Sie wissen, wo und wie Sie günstigere Angebote bekommen und bereit zum Wechseln sind: Selbst die beste Budgetplanung kann durcheinandergewirbelt werden, zum Beispiel, wenn der Kühlschrank in der WG plötzlich kaputtgeht oder Ihr Notebook kurzfristig repariert werden muss. Genau diese unvorhergesehenen Ereignisse können finanziell zu kleinen Katastrophen werden.

Gut dran ist man, wenn in der Situation die Eltern einspringen und zumindest etwas vorstrecken können. Doch das klappt längst nicht immer. Deshalb sollten Sie auf Ihrer Ausgabenseite wenn möglich einen Posten „Sparen für Notfälle" einplanen. Wenn Sie zum Beispiel jeden Monat 40 Euro Ihres Ausbildungsgehalts zur Seite legen, reichen die 480 Euro am Jahresende, um davon Ihren Anteil für den neuen WG-Kühlschrank zu bezahlen.

Um die Notfallrücklage aufzubauen, gibt es mehrere Möglichkeiten. Am bequemsten wäre es, Sie lassen das Geld auf dem Girokonto. Dann können Sie direkt heran, wenn Sie es dringend benötigen. Allerdings haben Sie den Nachteil, dass Sie auch direkt an die „Ersparnisse" herankönnen, wenn das Weihnachtsshopping ansteht oder wenn sich die Gelegenheit bietet, mit Freunden ein Wochenende ans Meer zu fahren. Besser ist deshalb, etwas Geld so anzulegen, dass Sie es wirklich sparen und nicht einfach so ausgeben.

Eine bequeme und gleichzeitig flexible Möglichkeit bietet dafür das sogenannte Tagesgeldkonto, bei dem Sie auch noch – derzeit zwar sehr mäßige – Zinsen für Ihr Geld bekommen.

→ **TIPP**

Ein Tagesgeldkonto ist bei vielen Banken kostenlos. Bei zahlreichen Angeboten spielt es außerdem keine Rolle, wie viel Geld Sie darauf einzahlen. Einige Banken verlangen allerdings eine Mindestsumme, die bei Kontoeröffnung eingezahlt werden muss. Mehr Spartipps – für kurz-, mittel- und auch langfristige Sparziele erhalten Sie im Kapitel „Sparen und Vorsorgen" → Seite 135.

Wenn Sie das Geld auf ein solches Konto einzahlen, können Sie es nicht im Handumdrehen wieder ausgeben, sind aber trotzdem so flexibel, dass sie täglich über das Geld verfügen können. Das funktioniert so: Wenn Sie ein Tagesgeldkonto eröffnen, müssen Sie ein „Referenzkonto" – also zum Beispiel Ihre Girokontoverbindung– angeben. Überweisungen vom oder auf das Tagesgeldkonto sind nur über das Referenzkonto möglich. Wenn Sie im Notfall dringend Geld benötigen, können Sie eine angesparte Summe vom Tagesgeldkonto auf Ihr Girokonto überweisen und dann am Automaten abheben oder per Karte zahlen. Fazit: Durch das zwischengeschaltete Girokonto haben Sie eine zusätzliche Hürde zum Geldausgeben, bleiben aber trotzdem kurzfristig flüssig.

Achtung, Dispo-Falle!

Brauchen Sie kurzfristig eine größere Summe, die kein Notfallpolster hergibt? Oder sind Sie jeden Monat immer gerade so im Plus mit Ihrem Girokonto, manchmal auch leicht drunter? Es erscheint bequem, bei einem vorübergehenden Engpass das Konto zu überziehen. Der Dispositionskredit, genannt Dispo, macht es möglich, wenn es sein muss, auch mal eine Zeit im Minus hängen zu bleiben. Doch bequem heißt hier auf keinen Fall günstig. Denn die Banken verlangen dann häufig Zinssätze, die weit über dem liegen, was sie selbst ihren Kunden als Zins für ihr Erspartes zahlen. Dispo-Zinssätze von 10 Prozent sind keine Seltenheit. Manche Bank kassiert sogar noch mehr. Die Banken legen vorab fest, wie weit der Kunde sein Konto überziehen darf. Rutschen Sie noch tiefer ins Minus – also über den vereinbarten Dispo-Rahmen hinaus –, erhöht sich der Zinssatz noch einmal.

Alternativen zum Dispo

Günstiger als der Dispo ist es in der Regel, mit der Bank einen Ratenkredit zu vereinbaren, wenn Sie eine bestimmte Summe

 BEISPIEL

Carla benötigt Geld, um sich ein Bett samt Matratze und Lattenrost für ihre erste eigene Wohnung zu kaufen. Eigentlich wollte ihre Vormieterin die Sachen günstig abgeben, doch nun nimmt sie sie doch mit. Carla will ihre Eltern nicht schon wieder fragen, überzieht stattdessen ihr Konto und rutscht mit 400 Euro ins Minus. Sie schafft es nicht, von ihrem Lehrlingsgehalt schnell genug etwas zurückzulegen, sodass sie ein halbes Jahr bei dem Minus von 400 Euro hängen bleibt. Verlangt ihre Bank dafür 11 Prozent Dispo-Zinsen, macht das immerhin 22 Euro für das halbe Jahr. Schafft sie es erst nach einem Jahr, das Minus loszuwerden, sind insgesamt sogar 44 Euro weg.

benötigen. Dann schließen Sie einen richtigen Kreditvertrag ab, in dem festgelegt ist, zu welchem Zins und in welchen Raten Sie die geliehene Summe zurückzahlen müssen.

Umsonst leiht die Bank Ihnen das Geld natürlich nicht, doch Sie können zumindest planen, welche Belastung in den nächsten Monaten oder Jahren auf Sie zukommt, wenn Sie sich Ihr erstes eigenes Auto kaufen wollen oder das neue Notebook dringend brauchen.

→ TIPP

Benötigen Sie den Kredit tatsächlich? Sprechen Sie vor der Unterschrift unter den Kreditvertrag mit Ihren Eltern oder auch guten Freunden und überlegen Sie, ob es eine Alternative gibt. Vielleicht wird Ihnen klar, dass der gewünschte Kauf doch noch warten kann, oder Sie finden einen Geldgeber im Familienkreis, der zwar sein Geld auch irgendwann zurückhaben möchte, aber auf Zinsen verzichtet.

 HINTERGRUND

Wie viel Sie letztlich für einen Raten- kredit zahlen müssen, gibt der Effektiv- zins an. Er umfasst neben dem ver- langten Zinssatz auch mögliche Nebenkosten des Kredits. Solche Nebenkosten können zum Beispiel durch eine Restschuldversicherung oder Kontoführungsgebühren anfallen. Wenn Sie einen solchen Kreditvertrag abschließen wollen, sollten Sie sich vorher die Zeit nehmen, Angebote zu vergleichen, denn schon ein etwas niedriger Zinssatz macht sich hinterher auf Ihrem Konto positiv bemerkbar.

Schuldenfalle vermeiden

Wenn Sie häufig auf Kredit kaufen, ist die Gefahr da, dass Sie über Ihre Verhältnisse leben und irgendwann in die Schuldenfalle abrutschen.

Solange Sie finanziell so dastehen, dass Sie das geliehene Geld auch zurückzahlen können und zusätzlich noch ein Polster haben, wenn Sie Geld für unvorhergesehene Ereignisse wie einen kaputten Kühlschrank haben, ist es unproblematisch, kurz- oder auch langfristig auf einen Ratenkauf zurück- zugreifen. Aber was, wenn Sie nach der Aus- bildung keinen weiteren Arbeitsplatz finden und trotzdem noch die Kreditraten für Ihren Flachbildfernseher abbezahlen müssen? Was, wenn Sie wegen Krankheit monatelang Ihren Nebenjob zum Studium nicht mehr machen können und noch auf den Raten für die Urlaubsreise im letzten Sommer sitzen?

Durch unvorhergesehene Ereignisse wie Jobverlust, Krankheit oder Trennung kann ein Finanzierungsplan vollkommen aus der Bahn kommen. Und wenn Sie dann die fäl- ligen Raten nicht zahlen, gibt es die ersten Mahnungen, Mahngebühren und irgend- wann womöglich Post vom Gericht mit einem gerichtlichen Mahnbescheid. Wer tief in die roten Zahlen gerutscht ist, hat es häu- fig schwer, aus diesem Überschuldungs- zustand aus eigener Kraft wieder herauszu- kommen.

Umso wichtiger ist es, sich früh genug Hilfe zu holen – am besten, bevor der Schul- denberg Sie erdrückt. Ansprechpartner für eine Schuldnerberatung sind neben den Verbraucherzentralen zum Beispiel Wohlfahrtsverbände wie Caritas und Diakonie. Hilfe können Sie auch über das Sozial- oder Jugendamt Ihres Wohnorts bekommen. Bei all diesen Ansprechpartnern ist die Schuldnerberatung kostenlos. Nachteil: Sie müssen eventuell mit längeren Wartezeiten rechnen, da der Andrang so groß ist. Umso mehr gilt, dass Sie sich den Weg zur Beratungsstelle nicht zu lange überlegen sollten.

Dort, wo Sie Geld zahlen sollen, damit man Ihnen bei Ihren Geldproblemen hilft, sollten Sie skeptisch sein. Lassen Sie die Finger von Angeboten wie „Krediten ohne Schufa". Diese vermeintlich „einfachen" Lösungen sind oft teuer und vergrößern das Problem meist nur.

 CHECKLISTE

Überschuldung vermeiden

Lassen Sie es, wenn irgendwie möglich, nicht bis zur Überschuldung kommen.

→ **Budget im Blick:** Verschaffen Sie sich einen Überblick über Ihre Einnahmen und Ausgaben und überlegen Sie erst dann, ob Sie sich das neue Smartphone oder den Asienurlaub leisten können. Passen die Ausgaben zu Ihrem Budget?

→ **Notfälle einplanen:** Wenn Sie vor der Frage stehen, ob Sie sich das eine oder andere leisten können, überlegen Sie, ob Sie mögliche Kreditraten auch noch tilgen können, wenn Ihre Einnahmen sinken (zum Beispiel Jobverlust) oder wenn unvorhergesehene Ausgaben (zum Beispiel eine Autoreparatur) auf Sie zukommen.

→ **Verlockender Werbung widerstehen:** Die Banken werben damit, dass Sie sich mit ihrer Hilfe Träume erfüllen können. Oder in der Werbung wird eine „Null-Prozent-Finanzierung" angepriesen. Das klingt toll, wenn Sie selbst das Geld für Ihre Träume gerade nicht parat haben. Aber können Sie sich einen Kredit und die damit verbundenen Kosten wirklich leisten? Und vergessen Sie nicht: Auch bei einer Null-Prozent-Finanzierung sind Raten zu zahlen.

→ **Ordnung halten:** Kaufen Sie auf Pump, sorgen Sie dafür, dass Sie den Überblick über Ihre Ausgaben behalten. Das bedeutet unter anderem, sämtliche Unterlagen ordentlich abzuheften und Mahnbriefe nicht ungeöffnet in der Schublade verschwinden zu lassen.

→ **Frühzeitig Hilfe holen:** Verschließen Sie nicht die Augen vor einem Geldproblem, sondern nehmen Sie Kontakt zu Schuldnerberatungsstellen auf, sobald die ersten Probleme mit Tilgung und Mahnungen auftreten.

Ausbildung – erfolgreich in Betrieb und Schule

Nicht nur organisatorisch, auch finanziell beginnt mit dem Unterschreiben des Ausbildungsvertrags ein völlig neuer Lebensabschnitt. Der Haken: Das eigene Budget ist meistens knapp. Umso wichtiger ist es, Sparmöglichkeiten und Fördertöpfe zu kennen.

Diese Umstellung hat es in sich: Wenn Sie sich für eine betriebliche Ausbildung entscheiden, stehen Sie plötzlich Abteilungsleitung, Kollegen und Kunden gegenüber, anstatt wie früher mit Freundinnen und Freunden täglich zur Schule zu gehen. Auf Sie kommen neue Aufgaben zu, meist ein ganz neuer Tagesablauf. Und auch finanziell und rechtlich bringt der Start in die Berufsausbildung einige entscheidende Veränderungen mit sich.

Entscheiden Sie sich für eine schulische Ausbildung, etwa weil Sie Physiotherapeut oder Logopädin werden wollen, mag die Veränderung im Alltag weniger drastisch sein – schließlich wird Ihr Tagesablauf häufig weiter durch einen festen Stundenplan geregelt. Gerade finanziell könnte die Herausforderung aber umso größer sein: Anders als die Auszubildenden im Betrieb erhalten Sie häufig keinen Lohn oder Gehalt, sondern müssen eventuell für den Schulbesuch sogar zahlen.

Auf einige rechtliche und finanzielle Besonderheiten bei schulischen Ausbildungen gehen wir später im Kapitel ein → Seite 43. Mehr über die duale Ausbildung in Betrieb und Berufsschule erfahren Sie ab → Seite 42.

Was vor dem ersten Arbeitstag zu erledigen ist

Egal ob Industriekaufmann oder Hotelkauffrau, Florist oder Augenoptikerin: Mit der Entscheidung für den Ausbildungsberuf und der Zusage des künftigen Arbeitgebers haben Sie zwei entscheidende Hürden bereits genommen. Haben Sie den Ausbildungsvertrag unterschrieben, müssen Sie sich bis zum ersten Arbeitstag aber noch um folgende Themen kümmern.

Krankenkasse suchen

Als Auszubildende im Betrieb müssen Sie sich in einer gesetzlichen Krankenkasse versichern. Auszubildende können sich nicht mehr wie bislang kostenlos über ihre Eltern gesetzlich krankenversichern oder eine private Krankenversicherung führen. Sie müssen sich um eigenen Schutz kümmern, selbst wenn Sie noch keine 18 sind. Die Krankenkasse, in der Sie Mitglied werden, können Sie sich aussuchen.

Möglich ist natürlich, in der Krankenkasse zu bleiben, in der Sie als Kind über Ihre Eltern versichert waren. Das müssen Sie aber nicht. In Deutschland gibt es noch immer über 100 Krankenkassen. Viele von ihnen stehen jedem offen, ein Teil aber auch nur Bewohnern in bestimmten Bundesländern. Einige Kassen nehmen nur Mitarbeiter eines bestimmten Unternehmens und deren Angehörige auf.

Hat der eigene Ausbildungsbetrieb eine Betriebskrankenkasse (BKK), kann es bequem sein, dorthin zu gehen, doch Pflicht ist das nicht.

 CHECKLISTE

Das müssen Sie vor dem ersten Arbeitstag erledigen

→ Krankenkasse suchen und dem Arbeitgeber melden
→ Kopie des Ausbildungsvertrags an die Familienkasse schicken, damit weiter Kindergeld fließt
→ dem Arbeitgeber die Steueridentifikationsnummer nennen
→ eventuell Konto eröffnen
→ private Versicherungen überprüfen und eventuell neue Verträge abschließen
→ eventuell um eigene Wohnung kümmern
→ Mitfahrgelegenheit suchen oder Arbeitsweg anders organisieren
→ eventuell Berufsausbildungsbeihilfe beantragen

Die Beiträge, die Sie für die Krankenkasse zahlen müssen, unterscheiden sich. Viele Kassen verlangen einen Beitragssatz von etwa 15 bis 16 Prozent. Diesen teilen Sie sich im Normalfall mit Ihrem Ausbildungsbetrieb. Nur wenn Ihre Ausbildungsvergütung bei höchstens 325 Euro liegt, übernimmt der Arbeitgeber den kompletten Beitrag.

Was die Krankenkassen ihren Versicherten an Leistungen bieten, ist zu einem überwiegenden Teil gleich. Doch es gibt einige Punkte, an denen sie sich unterscheiden. Mehrere Kassen zahlen zum Beispiel für osteopathische Behandlungen oder übernehmen die Ausgaben für bestimmte Reiseimpfungen, andere tun das nicht. Viele Kassen belohnen ihre Mitglieder, wenn sie sich besonders gesundheitsbewusst verhalten, mit Bonuszahlungen. Auch hier lohnt sich ein Blick in die genauen Bedingungen.

Wenn Sie unsicher sind, wohin Sie gehen sollen, fragen Sie zum Beispiel im Freundes- und Bekanntenkreis, wo sie versichert sind und ob sie mit der Kasse zufrieden sind. Kommt dieselbe Kasse auch für Sie infrage, ist je nach Anbieter eventuell noch ein zusätzliches Plus für Sie und Ihre Bekannten drin: Fragen Sie bei der Kasse, ob sie Mitglieder belohnt, die neue Mitglieder werben.

Steht die Krankenkasse fest und hat der Arbeitgeber bestätigt, dass Sie dort arbeiten, wendet sich die Kasse an den Rentenversicherungsträger. Dieser stellt dann einen Sozialversicherungsausweis aus, auf dem unter anderem Ihr Name und Ihre Versicherungsnummer stehen. Das passiert automatisch, sodass Sie sich nicht darum kümmern müssen. Ist der Ausweis per Post bei Ihnen angekommen, legen Sie ihn Ihrem Arbeitgeber vor.

→ TIPP

Eine Übersicht über alle Krankenkassen mit ihren Zusatzbeiträgen und mit der Angabe, in welchen Bundesländern sie geöffnet sind, finden Sie zum Beispiel unter gkv-spitzenverband.de unter „Services". Wollen Sie sämtliche Leistungen der Krankenkassen vergleichen, ist das unter test.de/krankenkassen möglich. Dieser Service kostet 3,50 Euro.

Private Versicherungen prüfen

Beim übrigen Versicherungsschutz muss sich meist mit Ausbildungsbeginn gar nichts ändern. Erwachsene Kinder sind in aller Regel bis zum Ende der ersten Ausbildung in der Privathaftpflichtversicherung ihrer Eltern versichert. Einen eigenen Vertrag benötigen sie dann nicht.

Auch von anderen Verträgen können Auszubildende häufig noch die Finger lassen. Dies gilt zum Beispiel auch für die Hausratversicherung: Leben Sie weiter im Elternhaus, gilt der Schutz der Hausratversicherung, die die Eltern abgeschlossen haben, nach wie vor.

Der Versicherer kommt zum Beispiel für Schäden an der Wohnungseinrichtung auf, die durch Feuer, Leitungswasser oder Einbruch entstanden sind. Haben Sie nur ein kleines WG-Zimmer mit wenigen Möbelstücken, brauchen Sie häufig nicht zwingend Schutz für Ihre Einrichtungsgegenstände. Oder Sie fragen, ob der Schutz der Versicherung Ihrer Eltern auch für das WG-Zimmer noch gilt.

Sinnvoll ist hingegen, so früh wie möglich eine Berufsunfähigkeitsversicherung abzuschließen → Seite 127. Unbedingt notwendig ist für gesetzlich Krankenversicherte und für viele privat Versicherte eine Auslandsreisekrankenversicherung, wenn sie außerhalb Deutschlands unterwegs sind. Mehr zum Versicherungsschutz finden Sie auf → Seite 117.

Steuerdaten organisieren

Ihrem Arbeitgeber müssen Sie vor Antritt des Jobs zudem Ihr Geburtsdatum und Ihre Steueridentifikationsnummer nennen. Jeder Bürger hat eine Steueridentifikationsnummer – Babys bekommen sie bereits kurz nach der Geburt zugeschickt. Wer das Schreiben mit seiner Nummer nicht mehr zur Verfügung hat, kann sie im Internet neu anfordern unter identifikationsmerkmal.de. Das Bundeszentralamt für Steuern schickt sie dann per Post zu.

Ob und wie viel Lohnsteuer Sie für Ihr Monatsbrutto zahlen müssen, hängt von Ihren individuellen Steuermerkmalen ab – zum Beispiel von der Steuerklasse und davon, ob Ihnen besondere Steuerfreibeträge wie Kinderfreibeträge zustehen. Sind sie nicht verheiratet, wird der Arbeitgeber Lohnsteuer nach Steuerklasse I einbehalten. Alleinerziehende können die etwas günstigere Steuerklasse II bekommen. Ehepartner können verschiedene Steuerklassen miteinander kombinieren, zum Beispiel die Klassen III und V. Oder beide wählen die Steuerklasse IV – mit oder ohne Faktor.

Wie viel Lohnsteuer der Arbeitgeber vom Ausbildungsgehalt einbehalten hat, steht auf der Gehaltsabrechnung.

Gerade wenn Sie noch in den ersten Lehrjahren sind oder einen Beruf mit wenig Ausbildungsgehalt haben, wird häufig gar keine Lohnsteuer einbehalten. Wenn doch, haben Sie über die Steuererklärung gute Möglichkeiten, sich die vorab gezahlte Steuer zurückzuholen.

Sie benötigen ein Konto

Da es das Gehalt aus der Ausbildung in aller Regel nicht bar auf die Hand gibt, benötigen Sie spätestens jetzt ein eigenes Konto. Sie haben, wie beispielsweise Studierende, die Chance, bei zahlreichen Banken ein kostenloses Konto zu bekommen. Damit der Ausbildungsbetrieb Ihr Gehalt überweisen kann, muss er die Nummer Ihres Kontos, die IBAN, kennen.

Kindergeld weiter sichern

Für Kinder bis 18 Jahre haben Eltern Anspruch auf Kindergeld. Je nach Einkommen können Sie zusätzlich bei der Steuer noch von Kinderfreibeträgen für Sie profitieren. Für ältere Kinder besteht der Anspruch weiter, wenn sie sich noch in Ausbildung befinden.

Die Chancen, auch für volljährige Kinder das Geld zu bekommen, sind vor einigen Jahren deutlich gestiegen. Denn während früher das Kindergeld gestrichen werden konnte, wenn die volljährigen Kinder ein zu hohes Einkommen hatten, spielt es heute keine Rolle mehr. Die Eltern können während der ersten Ausbildung ihres Kindes bis zum Alter von im Regelfall höchstens 25 Jahren das Kindergeld von der Familienkasse bekommen. Diese ist meist bei den Arbeitsagenturen angesiedelt.

Auch nach dem Ende der ersten Ausbildung kann übrigens unter bestimmten Bedingungen noch Kindergeld fließen, zum Beispiel zwischen zwei Ausbildungsabschnitten oder während einer Zweitausbildung. Wenn Sie oder Ihre Eltern unsicher sind, fragen Sie zum Beispiel beim Steuerberater oder in einem Lohnsteuerhilfeverein nach.

Den weiter bestehenden Anspruch auf Kindergeld müssen Eltern von Kindern in Ausbildung bei der Familienkasse belegen. Das können die Eltern, wenn sie der Familienkasse eine Kopie des Ausbildungsvertrags vorlegen.

→ **TIPP**

Solange Eltern Kindergeld oder Kinderfreibeträge bekommen, haben sie auch Anspruch auf einen sogenannten Ausbildungsfreibetrag in der Steuererklärung im Wert von 924 Euro im Jahr, wenn die Kinder während der Ausbildung auswärts wohnen.

Um eine Wohnung kümmern

Liegt der Ausbildungsbetrieb in der Nähe der Wohnung der Eltern, ist die Wohnungssuche vermutlich erst einmal nicht so dringend. Gerade wenn das erste Gehalt eher dürftig ausfällt und die Eltern den entsprechenden Platz haben, bietet es sich zumindest aus finanziellen Gründen meist an, bei den Eltern wohnen zu bleiben. Doch manchmal klappt das natürlich nicht: Ganz gleich, ob der Umzug aufgrund der Entfernung zwischen Elternhaus und Arbeitsplatz notwendig ist oder ob Sie ihn sich einfach nur sehnlichst wünschen, empfiehlt es sich, für WG- oder Wohnungssuche genügend Zeit einzuplanen. Doch selbst wenn Sie früh beginnen, ist nicht garantiert, dass es auf Anhieb mit der Traumunterkunft klappt. Gerade zu Beginn des Ausbildungsjahres oder des Hochschulesemesters dürfte die Konkurrenz groß sein.

Fragen Sie beim Wohnungsamt Ihrer Stadt nach, ob Sie einen Wohnberechtigungsschein bekommen, mit dem Sie eine günstige Sozialwohnung mieten können. Je nach Einkommenshöhe sowie der Höhe der zu zahlenden Miete kann es eventuell sein, dass Sie außerdem Anspruch auf Wohngeld vom Sozialamt haben.

Hilfreich ist, wenn der Umzug bis Ausbildungsbeginn über die Bühne gegangen ist. Dann müssen Sie sich in den ersten Arbeitstagen nicht zusätzlich noch Gedanken über Möbelpacker, Parkplatz für einen Kleintransporter oder Besuche im Möbelhaus machen. Mehr Tipps zu Wohnungssuche und Mietvertrag lesen Sie im Kapitel „Neues Zuhause", → Seite 95.

Arbeitsweg organisieren

Wie komme ich morgens in die Firma? Diese Frage ist nicht immer einfach zu beantworten. In größeren Städten dürfte es zwar kein Problem sein, wenn der öffentliche Nahverkehr gut ausgebaut ist. Kaufen Auszubildende ihre Tickets, können sie diese häufig mit Rabatt bekommen.

Schwieriger wird es für Auszubildende, die zum Beispiel von einem Dorf in die nächstgrößere Stadt pendeln müssen. Zug- und Busverbindungen können spärlich sein, und fürs Fahrrad ist der Weg vielleicht zu weit. Gut dran ist, wer dann beispielsweise mit Freunden oder Bekannten aus der Nachbarschaft eine Fahrgemeinschaft bilden kann. Klappt das nicht, ist womöglich ein eigenes Fahrzeug die einzige Alternative. In der Regel ist es dann am günstigsten, mit den Eltern

gemeinsam eine Lösung zu finden. Haben sie zum Beispiel einen Zweitwagen, den Tochter oder Sohn mit nutzen können, ist der Versicherungsschutz oftmals deutlich günstiger, als wenn Auszubildende selbst einen Wagen versichern müssen.

Ausbildungsförderung vom Amt

Manchmal lässt es sich gar nicht vermeiden: Wenn der Ausbildungsplatz nicht am Wohnort der Familie liegt, bleibt Ihnen nichts anderes übrig, als zu Hause auszuziehen. Doch wie eine eigene Wohnung oder nur ein WG-Zimmer bezahlen, wenn das Ausbildungsgehalt gerade mal bei 400 oder 500 Euro im Monat liegt? Ein Zuschuss der Eltern kann helfen, doch längst nicht in jeder Familie ist das finanziell drin.

Auszubildende, die nicht mehr bei ihren Eltern leben können, weil deren Wohnung zu weit vom Ausbildungsplatz entfernt ist, können bei der Bundesagentur für Arbeit die Berufsausbildungsbeihilfe (BAB) beantragen. Diese Förderung müssen Sie, anders als etwa einen Teil des BAföG, nicht zurückzahlen. Die Arbeitsagentur zahlt für eine berufliche Ausbildung im Betrieb oder auch für eine außerbetriebliche Ausbildung in einem anerkannten Ausbildungsberuf. Auch berufsvorbereitende Bildungsmaßnahmen fördert sie unter bestimmten Voraussetzungen.

Die Ausbildungsförderung, die je nach finanzieller Situation bei einigen Hundert

Euro im Monat liegen kann, gewährt die Arbeitsagentur auf Antrag. Die Bundesregierung plant, die Fördersätze zum Sommer 2019 deutlich zu erhöhen. Möglich sind aber auch schon jetzt je nach finanzieller Situation Zuschüsse von einigen hundert Euro im Monat, die die Arbeitsagentur auf Antrag gewährt. Sie prüft allerdings, ob den Antragstellenden die Mittel, die sie für das Führen ihres eigenen Haushalts, für Fahrtkosten und sonstigen Bedarf benötigen, bereits aus anderen Quellen zustehen.

In einer Bedürftigkeitsprüfung errechnet die Agentur den Bedarf von Auszubildenden und bezieht dabei neben dem eigenen Einkommen auch das Einkommen der Eltern und eventuell eines Ehepartners mit ein. Dabei berücksichtigt es verschiedene Freibeträge.

 BEISPIEL

Die 17-Jährige Ella lebt in Greifswald, hat aber nur in Bremen einen Ausbildungsplatz gefunden. Sie bekommt 500 Euro Ausbildungsgehalt, ihr WG-Zimmer kostet 300 Euro im Monat.

Für Ihren Lebensunterhalt werden monatlich zugrunde gelegt:

Grundbedarf	372 Euro
Pauschale für Miete	166 Euro
Zuschlag, wenn die nachweisbaren Mietkosten 166 Euro überschreiten, maximal	84 Euro
Bedarf für Arbeitskleidung	13 Euro
Fahrtkosten für Fahrten zwischen Wohnung und Arbeitsstätte (Monatskarte)	45 Euro
Bedarf für eine Familienheimfahrt im Monat	14 Euro
Gesamtbedarf	**694 Euro**

Diesem Gesamtbedarf wird Ellas Gehalt und das ihrer Eltern gegenübergestellt – allerdings nicht komplett. So gilt für Ellas Gehalt ein Freibetrag von 62 Euro, sodass nicht die 500 Euro, sondern nur 438 Euro auf ihren Gesamtbedarf angerechnet werden. Für ihre Eltern ergibt sich ein Freibetrag von 2.322 Euro. Da sie mit ihrem monatlichen Einkommen unter dieser Grenze bleiben, wird das Einkommen der Eltern nicht weiter berücksichtigt. Stellt man nun Ellas Gesamtbedarf – 694 Euro im Monat – ihrem anzurechnenden Einkommen – 438 Euro – gegenüber, ergibt sich eine Lücke von 256 Euro im Monat. Das Geld kann sie als Unterstützung erhalten.

Quelle: abgeleitet aus „Merkblatt zur Berufsausbildungsbeihilfe", arbeitsagentur.de

→ TIPP

Informationen zur Berufsausbildungsbeihilfe und die jeweils aktuell gelten-
den Sätze und Freibeträge erhalten Sie
bei der Arbeitsagentur und im Internet
unter arbeitsagentur.de, Rubrik „Schule,
Ausbildung und Studium" und dann
„Ausbildung vorbereiten und unterstützen". Beantragen Sie die Förderung
möglichst früh – am besten mehrere
Wochen vor dem Start der Ausbildung,
damit die Zahlung pünktlich zu Ausbildungsbeginn starten kann. Wenn die
Agentur den Antrag bewilligt, erhalten
Sie den Zuschuss frühestens rückwirkend ab dem Monat, in dem Sie den
Antrag auf die Leistungen gestellt
haben.

Ihre Rechte am Arbeitsplatz

Sind die organisatorischen Details geklärt,
kann es mit der Ausbildung losgehen. Eine
praktische Ausbildung im Unternehmen wird
kombiniert mit Abschnitten an der Berufsschule. Da bestimmte Regelungen und Vorgaben je nach Branche und Unternehmen ganz
unterschiedlich ausfallen können, wollen wir
hier nur einige grundlegende Informationen
geben, was Auszubildende selbst beachten
müssen und welche Rechte Sie gegenüber dem
Ausbildungsbetrieb haben. Mehr zu den

genauen Regelungen im eigenen Betrieb und
in der Branche erfahren Sie zum Beispiel bei
Ihren Kollegen, beim Betriebsrat und bei der
zuständigen berufsständischen Kammer Ihres
Arbeitgebers. Sofern es in Ihrem Ausbildungsbetrieb eine Jugend- und Ausbildungsvertre-
tung gibt, können Sie sich bei Problemen an
diese oder gegebenenfalls auch an eine bran-
chenübliche Gewerkschaft wenden.

Der Ausbildungsvertrag

Der Ausbildungsvertrag muss vor Ausbildungsbeginn der oder dem Auszubildenden
in schriftlicher Form vorliegen. Im Ausbildungsvertrag ist unter anderem geregelt, zu
welchem Beruf die Ausbildung führen soll,
wie lange sie dauert, wie lang die tägliche
Arbeitszeit ist, wie viel Urlaubstage es gibt
und natürlich auch, welches Gehalt dafür
gezahlt wird. Auszubildende, die bereits volljährig sind, unterschreiben den Vertrag selbst.
Für jüngere Job-Einsteiger müssen die Eltern
den Vertrag mitunterzeichnen. Der Ausbildungsvertrag ist grundsätzlich befristet und
endet mit dem Bestehen der letzten Prüfung.

Während der Probezeit, die bis zu vier
Monate dauern kann, können die oder der
Auszubildende oder der Ausbildungsbetrieb
den Vertrag ohne Angabe von Gründen kündigen. Eine Kündigung ist immer schriftlich
zu erklären, egal wer sie ausspricht. Nach
Ablauf der Probezeit können Auszubildende
selbst weiterhin ohne wichtigen Grund kün-

digen. Sie kommen also problemlos heraus, wenn Sie zum Beispiel feststellen, dass der geplante Beruf doch nichts für Sie ist. Sie müssen allerdings eine Kündigungsfrist von vier Wochen einhalten.

Der Ausbildungsbetrieb kann hingegen nur mit einem wichtigen Grund die Kündigung aussprechen. Ein einmaliges Zuspätkommen reicht dafür nicht aus. Wenn Sie aber zum Beispiel mehrmals unentschuldigt gefehlt haben oder Sie etwas im Betrieb gestohlen haben, kann der Ausbilder Ihnen tatsächlich kündigen. Die Gründe müssen aber immer im Kündigungsschreiben aufgeführt werden.

Volljährige Auszubildende erhalten die Kündigung persönlich. Sollen jüngere Auszubildende entlassen werden, muss das Kündigungsschreiben an die Eltern gesandt werden.

Den vereinbarten Beruf lernen

Mit dem ersten Tag im Betrieb haben Auszubildende Anspruch darauf, die Tätigkeiten zu erlernen, die sie später für die Ausübung des Berufs benötigen. Was angehende Krankenpflegerinnen oder -pfleger, Kfz-Mechatronikerinnen und -Mechatroniker oder Fitnesskaufleute vermittelt bekommen müssen, ist für jeden Ausbildungsberuf im sogenannten

Aufgaben festhalten

„In gut zehn Prozent der Berufsausbildungen gibt es Probleme mit der Umsetzung des Ausbildungsrahmenplans", sagt **Daniel Gimpel, Referent für berufliche Bildung bei der DGB-Jugend** mit Verweis auf den Ausbildungsreport 2018. „Um wirklich nachhalten zu können, was Teil der Ausbildung war und was nicht, sollten die Auszubildenden in ihr Berichtsheft das hineinschreiben, was sie tatsächlich gemacht haben, und nicht das, was sie laut Rahmenplan hätten machen müssen. Bei Problemen empfiehlt es sich, zunächst das Gespräch mit dem Ausbildenden zu suchen. Wer hier nicht weiterkommt, kann zum Beispiel die Jugend- und Auszubildendenvertretung oder den Betriebsrat/Personalrat ansprechen, wenn es diese im Unternehmen gibt. Eine andere Möglichkeit ist, sich zum Beispiel bei den Gewerkschaften Rat zu holen oder sich an die zuständige Kammer zu wenden."

Ausbildungsrahmenplan festgelegt. Natürlich ist nicht ausgeschlossen, dass Sie auch ab und zu zum Kopierdienst oder Kaffeekochen abgestellt werden. Insgesamt darf

aber die eigentliche Ausbildung nicht auf der Strecke bleiben.

→ **TIPP**

Die Ausbildungsrahmenpläne können Sie zum Beispiel über die Seite des Bundesinstituts für berufliche Bildung unter bibb.de herunterladen. Dieser Rahmenplan muss auf Ihren jeweiligen Betrieb angepasst werden. Sie haben Anspruch darauf, dass der Betrieb Ihnen den Ausbildungsplan vorab zur Verfügung stellt. Nutzen Sie ihn, um selbst mit im Blick zu behalten, ob die einzelnen Ausbildungsschritte tatsächlich erfüllt werden. Unter planet-beruf.de bietet die Bundesagentur für Arbeit einen Rundumüberblick zur Berufsausbildung im Betrieb. Unter jugend.dgb.de finden Auszubildende Antworten auf viele Fragen rund um die Ausbildung und die Möglichkeit, eine kostenlose Onlineberatung zu nutzen.

Den Arbeitsalltag meistern

Die einzelnen Tätigkeiten, die Sie während der Arbeit erledigen, müssen Sie in einem Berichtsheft festhalten. Das Ausfüllen dieses Heftes ist Bestandteil der Ausbildung und darf deshalb auch während der Arbeitszeit geschehen. Der Ausbildende muss dieses Berichtsheft unterschreiben. Übrigens haben Sie als Auszubildender auch Anspruch darauf, dass der Betrieb Ihnen sämtliche notwendigen

Arbeitsmittel kostenlos zur Verfügung stellt – vom Schreib- und Zeichenmaterial über Werkzeug bis hin zur Schutzkleidung, wenn diese für bestimmte Tätigkeiten, etwa im Labor oder in der Produktion, notwendig sind.

Die Ausbildung muss nicht an einem Ort stattfinden. Je nach Unternehmen besteht vielleicht auch die Chance, sich in einer anderen Filiale oder sogar in einem Sitz des Unternehmens im Ausland einen Einblick in die dortige Arbeit zu verschaffen. Wenn Sie dieses Angebot erhalten, klären Sie möglichst früh die Rahmenbedingungen für eine solche Praxisphase: Was sollen oder wollen Sie dort lernen? Wie lässt sich das mit der übrigen Ausbildung – zum Beispiel Besuch der Berufsschule – vereinbaren? Wird der im Ausland absolvierte Ausbildungsteil auch hier anerkannt? Und vor allem: Wer kommt für Mehrkosten, etwa für Unterkunft, Fahrten und Verpflegung auf? Sprechen Sie diese Fragen vorab an, damit Sie sich nicht hinterher ärgern, wenn Sie aus eigener Tasche alles draufzahlen müssen.

Ihre Pflichten gegenüber dem Betrieb

Ganz ohne Pflichten sind Sie in Ihrer Ausbildung nicht. Wenn Sie zum Beispiel krank werden, müssen Sie den Betrieb so schnell wie möglich, also möglichst vor Arbeitsbeginn, darüber informieren, dass Sie nicht kommen können. In der Regel verlangen die Unternehmen zusätzlich spätestens nach drei Tagen eine Krankschreibung durch den Arzt, eventuell müssen Sie diese auch schon am ersten Krankheitstag vorlegen.

Informieren müssen Sie den Arbeitgeber auch, wenn Sie beispielsweise noch einen Nebenjob haben, weil Sie sonst nicht mit dem Geld auskommen. Diesen Job kann er allerdings nur unter bestimmten Voraussetzungen verbieten, etwa wenn Sie abends lange kellnern und das Ihre Tätigkeit im Ausbildungsbetrieb beeinträchtigt oder wenn Sie für die Konkurrenz arbeiten. Mehr zu den rechtlichen und finanziellen Bedingungen für einen Nebenjob für Azubis lesen Sie im Kapitel „Nebenjobs und Praktika", → Seite 79.

Wenn die Ausbildung endet

Am Ende der Ausbildung steht die Prüfung, die je nach Ausbildungsberuf zum Beispiel vor der Industrie- und Handelskammer oder der Handwerkskammer abzulegen ist. Die Ausbildung endet automatisch mit Bestehen der mündlichen Prüfung. Wie es danach weitergeht? Vielleicht werden Sie vom Betrieb übernommen? In einigen Branchen und Betrieben gibt es mittlerweile Tarifverträge oder betriebliche Vereinbarungen, die eine anschließende Übernahme klar regeln. Können Sie bleiben, macht sich das natürlich auch beim Einkommen bemerkbar, wenn Sie nicht mehr zum „Azubi"-Gehalt arbeiten müssen, sondern als Facharbeiterin oder Facharbeiter mit der entsprechenden Entlohnung beschäftigt werden.

Selbst wenn das nur vorübergehend ist, zahlt es sich zumindest bei einer späteren Arbeitslosigkeit aus. Sollten Sie nach Ablauf Ihres Vertrags auf Arbeitslosengeld I angewiesen sein, wird diese Sozialleistung dank des höheren Gehalts etwas höher ausfallen.

Verlassen Sie sich allerdings nicht darauf, dass Ihnen der Chef schon früh genug sagen wird, wie es mit Ihnen weitergeht: Der Arbeitgeber ist gesetzlich nicht verpflichtet, Auszubildende darüber bis zu einem bestimmten Termin zu informieren. Im Tarifvertrag oder innerhalb des Betriebs kann es allerdings andere Regelungen geben, sodass Sie frühzeitig Klarheit haben, ob Sie etwas Neues suchen müssen. Kommt der Ausbildende nicht auf Sie zu, sollten Sie mehrere Monate vor Ausbildungsende selbst das Gespräch mit Ihren Vorgesetzten suchen, um herauszufinden, wie es für Sie weitergeht.

Womöglich entscheidet sich Ihr Arbeitgeber erst kurzfristig, ob Sie bleiben können. Ist noch gar nichts endgültig geklärt, sollten Sie sich frühzeitig bei der Arbeitsagentur an Ihrem Wohnort melden. Das ist drei Monate vor Beginn der Arbeitslosigkeit möglich. Arbeitslosengeld I können Sie bekommen, wenn Sie den letzten drei Jahren mindestens zwölf Monate Beiträge zur Arbeitslosenversicherung gezahlt haben.

Ganz gleich, ob es für Sie im Unternehmen weitergeht oder nicht: Auszubildende haben nach dem Ende ihrer Ausbildung

Wichtig für die weitere Laufbahn

„Wenn der Betrieb zunächst nur ein einfaches Zeugnis ausstellt, aus dem lediglich Art, Dauer und Ziel der Ausbildung hervorgehen, sollten Sie auf jeden Fall schriftlich ein qualifiziertes Arbeitszeugnis beantragen", sagt **Daniel Gimpel, Referent für Berufsausbildung bei der DGB-Jugend,** auch wenn Sie erst einmal im Betrieb bleiben und sich nicht anderweitig bewerben. „Das qualifizierte Zeugnis enthält dann eine Bewertung der Leistung, zum Beispiel mit Aussagen über Ihre Eignung für den erlernten Beruf und die Umsetzung der erlernten Fähigkeiten."

Anspruch auf ein qualifiziertes Arbeitszeugnis, aus dem hervorgeht, was sie gelernt haben und wie sie die ihm übertragenen Aufgaben ausgeführt haben. Das Bundesarbeitsgericht hat klargestellt, dass ein Ausbildungszeugnis in seiner Aussage vollständig, wahr und wohlwollend sein muss, sodass es der weiteren beruflichen Entwicklung dienen kann.

Die Zeugnissprache hat allerdings ihre Tücken: Ob die Bewertung nun gut oder schlecht ausgefallen ist, fragen sich viele, die ihr Zeugnis in den Händen halten:

„*Der Mitarbeiter hat die ihm übertragenen Aufgaben im Großen und Ganzen zu unserer Zufriedenheit erledigt.*" Diese Aussage klingt zwar nicht so überragend, aber augenscheinlich noch einigermaßen ordentlich. Übersetzt bedeutet die Formulierung allerdings, dass die Leistung des Auszubildenden „mangelhaft" war.

„*Der Mitarbeiter hat zu unserer vollen Zufriedenheit gearbeitet.*" In Schulnoten ausgedrückt würde diese Formulierung einem „befriedigend" entsprechen.

In einem sehr guten Zeugnis würde zum Beispiel stehen: „*Der Mitarbeiter hat die ihm übertragenen Aufgaben stets zu unserer vollsten Zufriedenheit erledigt.*"

Maßgebend ist aber bei allen Zeugnissen immer der gesamte Textzusammenhang.

Das eigene Gehalt – brutto und netto

Es ist ein besonderes Gefühl, wenn das erste selbst verdiente Geld auf dem Konto eingeht – selbst wenn die Summe während der Ausbildung nicht besonders hoch ist. Für viele Auszubildende ist in den Tarifverträgen für die jeweiligen Branchen festgelegt, wie viel sie verdienen. Wenn kein Tarifvertrag Anwendung findet, gilt laut Bundesbildungsgesetz, dass die Vergütung angemessen sein muss.

Sie muss bei mindestens 80 Prozent der üblichen tariflichen Vergütung liegen.

Je nach Ausbildungsberuf sind aber völlig unterschiedliche Verdienste möglich. Während zum Beispiel ein Auszubildender zum Zerspanungsmechaniker oder zum technischen Modellbauer im Jahr 2018 laut Tarifvertrag schon im ersten Ausbildungsjahr Anspruch auf ein Monatsgehalt von rund 1.000 Euro brutto hatte, lag das tarifliche Ausbildungsgehalt eines Friseurlehrlings im ersten Jahr bei knapp 500 Euro brutto in den westlichen und bei 325 Euro brutto in den östlichen Bundesländern.

Achtung: Die Bundesregierung plant laut Koalitionsvertrag, im August 2019 ein Gesetz zur Mindestausbildungsvergütung abzuschließen, das dann zum 1. Januar 2020 in Kraft treten soll und vielen Auszubildenden mehr Geld bringen könnte. Bis zum Redaktionsschluss für diesen Ratgeber war es aber noch nicht so weit. Behalten Sie die Berichterstattung zu diesem Thema im Auge und informieren Sie sich beispielsweise über Seiten wie die der DGB-Jugend jugend.dgb.de oder der ver.di Jugend jugend.verdi.de zu diesem Thema.

Der genannte Bruttoverdienst landet in aller Regel nicht komplett auf dem eigenen Konto. Sie müssen wie ausgelernte Arbeitnehmerinnen und Arbeitnehmer auch für Ihren Bruttolohn oder Ihr Bruttogehalt eventuell Lohnsteuer und fast immer Beiträge für die Sozialversicherung zahlen – also für Kranken- und Pflegeversicherung, für Renten- und Arbeitslosenversicherung. Nur wenn Ihr Verdienst bei höchstens 325 Euro brutto liegen sollte, zahlen Sie selbst keine Abgaben – dann müsste der Arbeitgeber sämtliche Sozialversicherungsbeiträge allein übernehmen.

Netto kann somit auch schon während der Ausbildung deutlich weniger übrig bleiben, als Sie beim Blick aufs Brutto vielleicht erwartet haben. Die Höhe der Abzüge richtet sich nach Ihren Einkommen, für die meisten Zweige der Sozialversicherung gelten feste Beitragssätze, die sich Azubi und Arbeitgeber je zur Hälfte teilen:

→ Arbeitslosenversicherung: 2,5 Prozent
→ Rentenversicherung: 18,6 Prozent
→ Pflegeversicherung: 3,05 Prozent, wenn Sie unter 23 Jahre alt sind oder Kinder haben. Sind Sie älter als 23 und haben keine Kinder, kommen noch einmal 0,25 Prozent Beitrag hinzu. Dieses Extra zahlen Sie als Beschäftigte oder Beschäftigter allerdings allein.

Für die gesetzliche Krankenversicherung gilt: Hier gibt es zwar auch einen allgemeinen Beitragssatz, der 2019 bei 14,6 Prozent liegt. Doch darüber hinaus dürfen die Krankenkassen einkommensabhängige Zusatzbeiträge erheben. Meist ergibt sich daraus, dass sich Auszubildende und Arbeitgeber einen Beitragssatz zwischen knapp 15 und rund 16 Prozent je zur Hälfte teilen.

Je nach Höhe Ihres Ausbildungsverdienstes kann es sein, dass von Ihrem Gehalt auch noch Lohnsteuer abgezogen wird. Verschiedene Steuerfreibeträge sorgen allerdings dafür, dass diese Steuer nicht ab dem ersten Euro fällig wird, sondern erst wenn Sie mit Ihrem Verdienst eine bestimmte Grenze überschreiten. Diese liegt 2019 bei rund 1050 Euro. Bei einem niedrigeren Verdienst bleibt es bei den Abzügen für die Sozialversicherung.

 BEISPIEL

Der 20-jährige Karsten verdient im zweiten Ausbildungsjahr 1.075 Euro brutto. Erhebt seine Krankenkasse einen Beitragssatz von 15,6 Prozent, zahlt er 2019 monatlich

→ 99,98 Euro Beitrag für die gesetzliche Rentenversicherung

→ 83,85 Euro für die Krankenversicherung

→ 16,39 Euro für die Pflegeversicherung und

→ 13,44 Euro für die Arbeitslosenversicherung.

Außerdem zieht ihm der Arbeitgeber monatlich 2,75 Euro Lohnsteuer von seinem Gehalt ab und überweist diese an das Finanzamt. Von den 1.075 Euro brutto bleiben Karsten damit knapp 860 Euro netto.

Der Arbeitgeber ermittelt für jeden Angestellten genau, wie viel Lohnsteuer monatlich fällig wird, ob auch Solidaritätszuschlag zu zahlen ist und eventuell Kirchensteuer.

Geld zurück mithilfe der Steuererklärung

Die fälligen Abgaben für die Sozialversicherung können Sie sich nicht zurückholen. Hat der Arbeitgeber Ihnen aber für Ihr Einkommen Lohnsteuer abgezogen, haben Sie oft gute Chancen, dass nach Jahresende davon wieder etwas an Sie zurückfließt. Dafür müssen Sie eine Steuererklärung beim Finanzamt abgeben. Denn erst über diese Jahresabrechnung kann das Finanzamt endgültig ermitteln, wie hoch Ihr gesamtes zu versteuerndes Einkommen war und ob Sie dafür Steuern zahlen müssen. Die monatliche Lohnsteuerabrechnung durch Ihren Arbeitgeber ist nur eine grobe Vorabrechnung.

Ein Posten, der sich in der Steuererklärung auszahlen kann, sind die Ausgaben für Ihren täglichen Arbeitsweg: Liegen zwischen Wohnung und Betrieb und zwischen Wohnung und Berufsschule jeweils 20 Kilometer und fahren Sie diese Strecke an 220 Tagen im Jahr mit dem Auto, ergeben sich 1.320 Euro Werbungskosten. Denn für jeden Entfernungskilometer rechnet das Finanzamt mit Ausgaben von 30 Cent (220 Tage × 20 Kilometer × 30 Cent).

Ihr Arbeitgeber rechnet allerdings bei der monatlichen Gehaltsabrechnung pauschal

Steuererklärung kann etwas bringen

„Ist tatsächlich im Lauf des Jahres Lohnsteuer geflossen, kann sich die Steuererklärung für Auszubildende durchaus lohnen", sagt **Harald Patt, Vizepräsident im Steuerberater-Verband e. V., Köln:** „Hier wirken sich zum Beispiel die Ausgaben für den Job, die sogenannten Werbungskosten aus, sofern diese über 1.000 Euro im Jahr liegen. Zu den Werbungskosten zählen nicht nur Fahrtkosten zum Betrieb oder zur Berufsschule, sondern auch Fahrtkosten zu Lerngruppen oder Fortbildungen, Kursgebühren und Arbeitsmaterial, das nicht ersetzt wird. Die Originalbelege über diese Ausgaben sind aufzubewahren."

rechnen Sie zum Beispiel Ihre Versicherungsbeiträge und Ausgaben für die Altersvorsorge ab. Wenn Sie für Medikamente und Arztbehandlungen sehr viel aus eigener Tasche zahlen mussten, kann das ebenfalls einen Vorteil bringen – als sogenannte außergewöhnliche Belastung.

→ **TIPP**
Der Arbeitsweg kann selbst dann einen Steuervorteil bringen, wenn Sie mit dem Fahrrad zum Betrieb fahren, laufen oder mit einem Kollegen zusammen fahren. Nutzen Sie öffentliche Verkehrsmittel, dürfen Sie Ihre Ticketkosten ebenfalls beim Finanzamt abrechnen.

Besondere Ausbildungsformen

Mehrere Tage im Betrieb, dann einen oder zwei Tage in der Woche in die Berufsschule. So oder so ähnlich sieht es für viele junge Leute aus, die sich für eine duale Ausbildung entschieden haben, etwa im kaufmännischen oder handwerklichen Bereich. Oder: Der Berufsschulunterricht findet nicht wöchentlich, sondern in größeren Blöcken am Stück statt.

immer nur so, als hätten Sie im Jahr 1.000 Euro Werbungskosten. Pendeln Sie täglich eine Strecke von 20 Kilometern, überspringen Sie diese Pauschale bereits. Die 320 Euro an zusätzlichen Ausgaben wirken sich daher steuermindernd aus. Sie haben damit gute Chance, Ihre vorab gezahlte Lohnsteuer zurückzubekommen.

Neben den Werbungskosten sorgen weitere Ausgaben für Steuervorteile. Dazu zählen unter anderem die Sonderausgaben. Hier

Es gibt aber diverse Ausbildungen, die ganz anders ablaufen – zum Beispiel, weil Berufsausbildung und Studium miteinander verknüpft werden („Duales Studium"). Auch die klassische Schulausbildung, die zum Beispiel angehende Erzieherinnen oder Physiotherapeuten absolvieren, weist einige Besonderheiten auf.

Duales Studium

Mittlerweile existieren unzählige Angebote, die es ermöglichen, die Berufspraxis im Betrieb mit einer Hochschulausbildung zu verknüpfen – zum Beispiel erst Ausbildung, dann Studium. Oder Studium mit integrierten Praxisphasen in einem Kooperationsbetrieb. Mal bewerben Sie sich an einer Hochschule, die einen Kooperationsbetrieb vermittelt, oder Sie bewerben sich beim Unternehmen, das mit der Bildungsstätte zusammenarbeitet. Die Möglichkeiten sind vielfältig.

Dieses Konstrukt hat einige Vorteile, zum Beispiel dass es möglich ist, neben dem Studium viele praktische Erfahrungen zu sammeln. Im dualen Studium wird auch in der Regel ein Gehalt gezahlt. Das macht es finanziell einfacher. Zudem stehen die Chancen, am Ende vom Betrieb übernommen zu werden, meist gut. Andererseits gilt aber: Wer sich für ein duales Studium entscheidet, ist häufig nicht mehr so flexibel wie jemand, der sich für ein „einfaches" Studium entscheidet – und kann sich zum Beispiel nur schwer in anderen Fachbereichen oder Unternehmen umschauen.

Grundsätzlich sind diejenigen, die ein duales Studium absolvieren, den Beschäftigten, die eine Berufsausbildung absolvieren, gleichgestellt. Sie sind damit sozialversicherungspflichtig, auch in den Phasen, in denen sie überwiegend oder ausschließlich an der Hochschule oder Berufsakademie sind.

→ **TIPP**

Am besten informieren Sie sich bei Ihrer Krankenkasse oder bei einer neu zu wählenden Kasse darüber, mit welchen Beiträgen Sie je nach Art des Dualen Studiums rechnen müssten. Kommt in bestimmten Phasen der Ausbildung die beitragsfreie Familienversicherung infrage? Je früher Sie Bescheid wissen, desto besser können Sie planen, wann welche Belastung auf Sie zukommt.

Je nach Höhe Ihres Verdiensts können natürlich neben Sozialabgaben auch Steuern auf Sie zukommen. Hier gilt das, was für Azubis in einer dualen Ausbildung gilt: Wenn Ihr Arbeitgeber von Ihrem Verdienst Lohnsteuer abgezogen hat, empfiehlt es sich in der Regel, eine Steuererklärung zu machen. Die Chancen stehen gut, dass Sie sich zumindest einen Teil oder eventuell die komplette Lohnsteuer zurückholen.

Ausbildung in der Schule

Zu den klassischen Schulausbildungen gehören beispielsweise die Ausbildung zur Erzieherin oder zum Erzieher oder auch Ausbildungen in den Heil- und Gesundheitsberufen, zum Beispiel zu Ergo- oder Physiotherapeuten. Die meist längeren Schulphasen werden mit Praxisphasen kombiniert.

Aus finanzieller Sicht gibt es einige wichtige Unterschiede zwischen der Ausbildung in einem Betrieb und einer klassischen Schulausbildung: Während der Azubi zum Mechatroniker oder eine angehende Industriekauffrau ein Ausbildungsgehalt bekommt, erhält etwa ein Erzieher in der Ausbildung oder eine künftige Physiotherapeutin in der Regel während der schulischen Ausbildung keine Vergütung.

Noch schwieriger: Je nachdem, welche Art von Schule besucht wird, können sogar enorme Kosten für eine schulische Ausbildung auf Sie zukommen.

Gut dran ist, wenn dann die Eltern finanziell mit einspringen wollen und können. Wenn nicht, kommen Sie eventuell nicht umhin, einen Nebenjob anzunehmen. Wenn Sie nur für ein paar Wochen nebenbei Geld verdienen, sollte es möglich sein, dass Sie weiter über die Familienversicherung Ihrer Eltern beitragsfrei versichert bleiben können. Gerade bei länger andauernden Nebenjobs empfiehlt es sich aber, dass Sie sich vorab bei Ihrer Krankenkasse erkundigen, was das für Ihre Krankenversicherung und die fälligen Beiträge bedeutet → Seite 79.

Prüfen Sie außerdem, ob ein Anspruch auf BAföG besteht: Denn nicht nur fürs Studium, sondern auch für eine schulische Ausbildung können Sie die Förderung nach dem Berufsausbildungsfördergesetz erhalten. Wenn Sie Ihre Ausbildung schon länger absolvieren, kann letztlich auch ein Bildungskredit ein Thema sein. Ein solches Darlehen der staatlichen KfW-Bank erhalten Sie aber erst, wenn Sie sich in den letzten 24 Monaten Ihrer Ausbildung befinden.

→ **TIPP**

Zuständig für den BAföG-Antrag ist jeweils das Amt für Ausbildungsförderung, in dessen Bezirk sich die jeweilige Bildungsstätte, also beispielsweise das Berufskolleg oder die Akademie befindet. Links und zahlreiche weitere Hinweise finden Sie im Internet unter bafög.de, dann „Antrag stellen" und hier die Rubrik „Inland – schulische Ausbildung" wählen. Über die Konditionen und Voraussetzungen für den Bildungskredit informieren Sie sich über die Seite kfw.de, Rubrik „Privatpersonen".

Solange Sie kein oder nur ein geringes eigenes Einkommen haben, können Sie beitragsfrei über Ihre Eltern krankenversichert bleiben. Die Familienversicherung ist bis einschließlich des 25. Lebensjahres möglich. Ihr monatliches Einkommen darf dann allerdings nicht höher sein als 445 Euro. Es sei denn, Sie üben einen pauschal versteuerten

Minijob aus, dann sind bis zu 450 Euro monatlich erlaubt, wenn Sie kein weiteres Einkommen haben.

Übernehmen Sie eine saisonale Beschäftigung, arbeiten zum Beispiel in den Monaten Juli und August als Rettungsschwimmer am Badesee, fallen für den Verdienst keine Sozialabgaben an – ganz gleich, wie hoch Ihr Einkommen ist. Je nach Höhe des Verdienstes kann es aber sein, dass der Arbeitgeber Lohnsteuer dafür einbehalten hat. Gerade wenn Sie aber nur wenige Monate arbeiten oder in nur wenigen Monaten viel verdient haben, können Sie sich das Geld über die nächste Steuererklärung zurückholen.

Wenn Sie nun hoffen, dass Sie sich über die Steuererklärung zum Beispiel auch einen Teil der Schulgebühren zurückholen können, droht zumindest derzeit eine kleine Enttäuschung. Denn wenn es sich um die erste Berufsausbildung handelt, wirken sich die Ausbildungskosten häufig nicht zu Ihren Gunsten aus. Sie dürfen zwar beispielsweise Schulgebühren oder andere Ausgaben, etwa für Fachliteratur oder Wohnheim, bis zu 6.000 Euro als Sonderausgaben beim Finanzamt geltend machen, doch das zahlt sich nur aus, wenn Sie in diesem Jahr tatsächlich auch steuerpflichtige Einkünfte erzielen. Viele Berufsfachschüler profitieren somit nicht.

Das oberste deutsche Finanzgericht, der Bundesfinanzhof, hält diese Regelung zur Absetzbarkeit der Ausgaben für die Erstausbildung für verfassungswidrig (BFH-Beschluss vom 17.7.2014, Aktenzeichen VI R 2/12 und VI R 8/12). Nun muss das Bundesverfassungsgericht entscheiden, ob die Ausgaben für die Erstausbildung nicht doch unbegrenzt als Werbungskosten zählen müssten – also als Ausgaben, die für die Ausübung des Berufs notwendig sind. Wäre das der Fall, könnten Sie auch noch in späteren Jahren vom Steuervorteil profitieren.

Erfolgreich weiterkommen

Sie haben die Abschlussprüfung bestanden, freuen sich, in Ihrem Traumberuf gelandet zu sein und haben erstmal genug vom Lernen? Das ist verständlich, aber vielleicht lässt sich doch noch mehr erreichen? Wenn Sie beruflich weiter vorankommen und Ihre Aufstiegschancen verbessern wollen, stehen Sie mit einer Weiterbildung gut da. Doch was ist der richtige Weg?

Für manche Auszubildende sind die nächsten Schritte von Beginn an klar: Die Ausbildung ist nur die erste Etappe, auf die ganz sicher noch das passende Studium folgen soll. Mehr zu den Finanzfragen rund ums Studium, zu BAföG und anderen Finanzierungsmöglichkeiten lesen Sie ab → Seite 56.

Vielleicht haben Sie diesen kombinierten Weg aus Ausbildung und Studium auch gleich

von Beginn an eingeschlagen und sich für ein duales Programm entschieden.

Doch auch wenn Sie erst im Lauf der Ausbildung feststellen, dass Sie sich danach weiter qualifizieren wollen, gibt es – auch abseits der Hochschulen – viele Möglichkeiten, sich beruflich besser aufzustellen. Bleibt die Frage, wie sich das Vorhaben Weiterbildung finanzieren lässt. Schließlich können zum Beispiel für die Meisterschule oder für andere Lehrgänge einige Kosten zusammenkommen, die nicht unbedingt der Arbeitgeber übernimmt.

Förderung nutzen

Die gute Nachricht ist hier, dass es auf Bundes- wie auf Landesebene einige Fördertöpfe für berufliche Fortbildungen gibt:

→ **Bildungsprämie:** Über den sogenannten Prämiengutschein, den das Bundesbildungsministerium vor einigen Jahren eingeführt hat, können Sie beispielsweise bis zu 500 Euro als Zuschuss für Fortbildungen bekommen, wenn Sie selbst auch einen Teil eines Kurs- oder Seminarbeitrags zahlen. Genaue Informationen zu den Voraussetzungen für die Förderung, und wie Sie sie bekommen, finden Sie unter bildungspraemie.info.

→ **Landesprogramme:** Die Bundesländer bieten unterschiedliche Programme zur Bildungsförderung an. In Nordrhein-Westfalen ist es etwa der „Bildungsscheck", in Rheinland-Pfalz der QualiScheck. Suchen

Sie am besten im Internet mit den Stichworten „Förderung Weiterbildung" und dann mit dem Namen Ihres Bundeslands.

→ **BAföG:** Für Fortbildungen kann BAföG-Unterstützung infrage kommen. Früher war die Förderung vor allem für angehende Handwerks- oder Industriemeister bekannt („Meister-BAföG"), mittlerweile gibt es die Förderung, die sich aus einem Zuschuss und einem zinsgünstigen Darlehen zusammensetzt, für viel mehr Berufe. Der Staat fördert zum Beispiel auch Weiterbildungen zur Fachkauffrau, zum Betriebsinformatiker oder in der Fachkrankenpflege. Voraussetzung ist in der Regel, dass Sie eine abgeschlossene Ausbildung haben und das Ziel der Fortbildung darüber hinausgeht. Die Förderung gibt es für Voll- und Teilzeitkurse mit mindestens 400 Unterrichtsstunden. Über die genauen Förderkonditionen können Sie sich über aufstiegs-bafög.de informieren.

→ **Stipendien:** Für Auszubildende und diejenigen, die sich nach der Prüfung weiterbilden wollen, lohnt es außerdem, sich nach weiteren Förderprogrammen zu erkundigen. Eine Adresse ist zum Beispiel die „Stiftung Begabtenförderung berufliche Bildung". Sie koordiniert im Auftrag des Bundesbildungsministeriums die Vergabe von Stipendien für die Weiter-

bildung. Besondere Förderung gibt es unter anderem für Ausgelernte unter 25 Jahren, die Ihre Ausbildung mit besser als „gut" abgeschlossen haben und nun eine fachbezogene Weiterbildung machen wollen oder auch ein berufsbegleitendes Studium anstreben. Unabhängig vom Alter vergibt die Stiftung außerdem Aufstiegsstipendien für Ausgelernte, die sich nach mindestens zwei Jahren Berufserfahrung für ein erstes Studium an einer Hochschule entscheiden. Wer in der Ausbildung sehr gute Noten hatte und das Bewerbungsverfahren erfolgreich durchlaufen hat, kann als Förderung ein Stipendium von derzeit 735 Euro monatlich erhalten. Alle Informationen zu Bewerbung, Voraussetzung und Förderung fasst sbb-stipendien.de zusammen.

→ **TIPP**

Lassen Sie sich von möglichen Kosten einer Weiterbildung nicht abschrecken, sondern informieren Sie sich frühzeitig über Fördertöpfe. Eine erste Gesamtübersicht finden Sie zum Beispiel auf der Seite der Stiftung Warentest unter test. de, Suchwort „Weiterbildung". Außerdem: Auch hier gilt, dass Sie viele eigene Ausgaben für eine berufliche Weiterbildung steuerlich geltend machen können. So holen Sie sich vom Finanzamt einen Teil Ihrer Aufwendungen zurück.

Erfolgreich im Studium

Einen Studienplatz direkt vor der eigenen Haustür? Meist klappt das nicht. Verschlägt es Sie an einen Ort, der tägliches Pendeln unmöglich macht, haben Sie meist gar keine andere Wahl: Sie müssen sich in der Hochschulstadt Ihr eigenes Leben aufbauen.

Biologie oder Kommunikationswissenschaften? Medizin oder doch Jura? Allerspätestens, wenn Sie die Entscheidung für Ihr Studienfach getroffen und die Zusage der Hochschule in der Post hatten, geht es los mit der Organisation. Je nachdem, in welche Stadt es Sie verschlägt, dürfte vor allem die Suche nach einem bezahlbaren Zimmer oder einer Wohnung zur Herausforderung werden. Aber auch andere Fragen sind zu klären, zum Beispiel, wie Sie sich während der Zeit an der Uni finanzieren können. Viele Themen sind bereits anzugehen, bevor Sie Ihre erste Vorlesung besucht haben.

Finanzierung organisieren

Wie können Sie sich das Studium leisten? Klären Sie mit Ihrer Familie, welche finanzielle Unterstützung Sie bekommen können. Prüfen Sie, ob sich zum Beispiel ein BAföG-Antrag für Sie lohnt und stellen Sie den Antrag früh genug. Gerade zu Semesterbeginn kann es einige Zeit dauern, bis der Antrag bearbeitet ist. Außerdem kann es sein, dass vom BAföG-Amt Rückfragen kommen, die zusätzlich Zeit kosten.

Als weitere Finanzierungsmöglichkeiten kommen eigene Jobs, Stipendien oder eventuell ein Studienkredit infrage. Auch hier gilt:

CHECKLISTE

Das ist – wenn möglich – noch vor Studienbeginn zu erledigen

→ Finanzierung organisieren, zum Beispiel Jobsuche, BAföG-Antrag, Bewerbung um Stipendien
→ Wohnungs-/Zimmersuche
→ Familienkasse über Studium informieren, damit weiter Kindergeld fließt
→ um die Krankenversicherung kümmern, Bestätigung über vorhandenen Schutz muss bei der Einschreibung vorliegen
→ private Versicherungen prüfen, Schutz eventuell anpassen
→ bei Nebenjobs Steuerdaten an Arbeitgeber weiterleiten

Beginnen Sie früh genug mit den Vorbereitungen, damit Sie zum Beispiel Zeit haben, die Angebote für Kredite zu vergleichen und Bewerbungsfristen für Stipendien nicht verpassen.

Kindergeld weiter sichern

Damit Ihre Eltern für Sie den Anspruch auf Kindergeld behalten, muss die Familienkasse über Ihr Studium Bescheid wissen. Geben Sie Ihren Eltern eine Studienbescheinigung, die Sie von der Hochschule bekommen haben, damit diese an die Familienkasse geschickt wird.

Wohnung suchen und Umzug planen

Wollen oder müssen Sie für Ihr Studium umziehen? Wenn ja, überlegen Sie sich, was für Sie infrage kommt. Beginnen Sie nicht zu spät mit der Suche → „Neues Zuhause",

Seite 95. Wenn Sie eine Bleibe gefunden haben, kümmern Sie sich um die Einrichtung und um Helfer, die Sie beim Umzug unterstützen. Erkundigen Sie sich auch nach Transporter-Preisangeboten und organisieren Sie sich eine Fahrerin oder einen Fahrer für Ihren Umzugswagen.

Um die Krankenversicherung kümmern

Die Krankenversicherung ist Pflicht für Studierende. Für die meisten von Ihnen bleibt es bei der gesetzlichen Absicherung:

→ **Familienversicherung:** Wenn Ihr Einkommen regelmäßig nicht mehr als derzeit 445 Euro im Monat beträgt oder Sie in einem Minijob auf Dauer nicht mehr als 450 Euro verdienen, können Sie wie vorher als Schülerin oder Schüler kostenlos über die gesetzliche Familienversicherung eines Elternteils versichert bleiben. Diese Familienversicherung ist bis zu Ihrem 25. Geburtstag möglich. Wenn Sie zwischenzeitlich zum Beispiel Wehrdienst geleistet haben, verlängert sich die mögliche Mitgliedschaft um diese Phase. Die kostenlose Mitversicherung über die Eltern ist sehr wertvoll. Deshalb sollten Sie genau berechnen, was Sie wann verdienen. Wenn Sie nur Ihren Minijob haben und sonst nichts verdienen, ist alles in Ordnung. Wenn Sie aber zum Beispiel Kapital- oder Mieteinkünfte haben, sollten Sie gut kalkulieren, um die erlaubten 445 Euro Einkommen im Monat nicht zu überspringen.

→ **TIPP**

Keine Sorge: Wenn Sie in den Semesterferien mehr verdienen, ist die beitragsfreie Familienversicherung trotzdem noch möglich. Beispiele zu dieser Frage finden Sie im Kapitel „Nebenjobs und Praktika – möglichst viel netto",
→ Seite 79.

→ **Studentische Krankenversicherung:** Sobald Sie die Einkommensgrenzen für die Familienversicherung überschreiten oder älter als 25 Jahre sind, kommt für Sie die studentische Krankenversicherung infrage. Der Beitrag liegt derzeit – Stand 2019 – je nach Beitragssatz der Krankenkassen bei rund 70 Euro im Monat. Hinzu kommt noch der Beitrag zur gesetzlichen Pflegeversicherung, etwa 20 Euro im Monat. Den Beitrag für die studentische Krankenversicherung zahlen Sie unabhängig davon, welches Einkommen Sie im Studium haben – vorausgesetzt, Sie arbeiten während der Vorlesungszeit im Regelfall nicht mehr als 20 Stunden die Woche. In den Semesterferien ist auch eine längere Arbeitszeit erlaubt. In der günstigen studentischen Krankenversicherung können Sie im Regelfall bis zum Ende des 14. Fachsemesters und maximal bis zum 30. Geburtstag bleiben. In bestimmten Ausnahmesituationen – zum Beispiel, wenn Sie zwischenzeitlich durch Krankheit oder Kindererziehung mehrere Semester „verloren" haben – ist eine Verlängerung möglich. Ansonsten wird der gesetzliche Versicherungsschutz gleich deutlich teurer.

→ **Freiwillige Mitgliedschaft:** Nach Ablauf der studentischen Versicherung können Sie sich als freiwilliges Mitglied in der Krankenkasse versichern. Das wird dann allerdings um einiges teurer. Für eine Übergangsphase von bis zu sechs Monaten ist ein Monatsbeitrag von etwa 110 Euro für die Kranken- und etwas mehr als 30 Euro für die Pflegeversicherung möglich. Danach werden einkommensabhängige Beiträge fällig, die bei mindestens rund 150 Euro für die Kranken- und bei rund 30 Euro für die Pflegeversicherung liegen.

→ **Private Versicherung:** Waren Sie bisher über Ihre Eltern bei einem privaten Versicherer, können Sie dort auch als Studierende bleiben. Finanziell kann das für Sie sinnvoll sein, wenn Ihre Eltern als Beamte Anspruch auf eine Beihilfe ihrer Dienstherren haben, sodass sie für sich selbst und auch für Sie nur noch eine Teilabsicherung benötigen und keine private Krankenvollversicherung. Die Beihilfe gilt dann auch für Sie während Ihres Studiums. Allerdings besteht der Anspruch nur so lange, wie Ihre Eltern auch Anspruch auf Kindergeld haben. Bedeutet: Spätestens mit dem 25. Geburtstag fließt die Beihilfe in der Regel nicht mehr. Womöglich endet sie auch schon früher, wenn Ihre Eltern zum Beispiel bei zu langen Pausen zwischen Ausbildungsabschnitten den Anspruch auf Kindergeld verlieren. Sobald die Beihilfe nicht mehr da ist, wird die private Absicherung in der Regel teurer sein als der gesetzliche Schutz.

Zu Studienbeginn müssen Sie sich überlegen, ob Sie bei der privaten Versicherung bleiben wollen. Wenn das so ist, müssen Sie innerhalb von drei Monaten nach Studienbeginn den Antrag stellen, dass Sie von der gesetzlichen Versicherungspflicht befreit werden. Aber Achtung: Wenn Sie einmal den Antrag auf Befreiung gestellt haben, sind Sie während Ihres gesamten Studiums an den privaten Versicherungsschutz gebunden. Selbst wenn der Schutz im Lauf der Jahre teurer wird, können Sie nicht in die gesetzliche Krankenversicherung zurück.

Private Versicherungen anpassen

Verschaffen Sie sich außerdem einen Überblick, welchen Versicherungsschutz Sie noch haben und was Sie womöglich zusätzlich benötigen. Teilen Sie zum Beispiel der Haftpflichtversicherung Ihrer Eltern mit, dass Sie mit dem Studium beginnen, und fragen Sie ihn, wie lange der Schutz der Familienversicherung auch für Sie gilt – was ist zum Beispiel, wenn Sie das Studienfach wechseln? Kümmern Sie sich unbedingt um eine private Auslandsreisekrankenversicherung, wenn Sie etwa für ein Semester oder ein Praktikum ins Ausland gehen, → „Ab ins Ausland", Seite 65.

Steuerinformationen weitergeben

Wenn Sie in der Zeit bis zum Studienbeginn oder während des Studiums jobben wollen, klären Sie, ob eine Pauschsteuer möglich ist, etwa bei einem regelmäßigen Verdienst bis 450 Euro. Wenn nicht, müssen Sie Ihrem

Arbeitgeber einzelne Daten, nämlich Ihre Steueridentifikationsnummer und Ihr Geburtsdatum nennen, damit er wenn nötig Lohnsteuer für Sie an das Finanzamt überweisen kann.

Wenn Sie bis Studienbeginn noch ein freiwilliges Praktikum absolvieren, gelten dafür in der Regel dieselben Regelungen wie für einen Nebenjob auch. Handelt es sich jedoch um ein Pflichtpraktikum, gelten besondere Voraussetzungen hinsichtlich der Sozialversicherung → ausführlich im Kapitel „Nebenjobs und Praktika", Seite 79.

Den Alltag meistern

Gerade wenn Sie neu an der Uni sind, wird zunächst vieles auf Sie einprasseln: Sie müssen sich Ihren Stundenplan zusammenstellen, die Teilnahme an Seminaren sichern und versuchen, neue Leute kennenzulernen, vielleicht das Heimweh nach Freunden und Familie überwinden. Dazu kommen Alltagsaufgaben rund um die neue Selbstständigkeit, zum Beispiel in der Woche selbst den Kühlschrank zu füllen oder einen neuen Hausarzt zu suchen, wenn im Herbst die erste Grippe ansteht.

Manchem wird dieser Neustart leichter fallen als anderen. Erleichtert wird dies vermutlich, wenn Sie von Beginn an Ihre feste Unterkunft haben – Ihren großen Umzug von

Holpriger Start?

„August bis Oktober sind die drei schlimmen Monate", sagt **Dr. Petra Nau, Referatsleiterin Wohnen beim Deutschen Studentenwerk:** „Gerade in den beliebten Hochschulstädten wie München, Hamburg, Heidelberg oder Berlin sind die Wartelisten für Wohnheimplätze besonders lang. Die Studierendenwerke vor Ort unternehmen dann einiges, um die Interessenten bei der Wohnungssuche zu unterstützen und zumindest übergangsweise Wohnraum anzubieten – etwa in kurzfristig eingerichteten Notunterkünften in Gemeinschaftsräumen der Wohnheime, in Hostels oder auch in Kooperation mit kommunalen Wohnungsunternehmen." Sie empfiehlt aber auf jeden Fall, den Kontakt zum Studierendenwerk vor Ort zu suchen.

zu Hause also schon hinter sich gebracht haben. Leider klappt das nicht immer. Vor allem in beliebten Hochschulstädten ist die Wohnungssituation nicht ganz einfach, sodass Sie sich zu Semesterbeginn eventuell auf eine Übergangslösung einstellen müssen. Diese kann Zeit und eine Menge Nerven kosten.

→ TIPP

Haben Sie noch die Wahl zwischen mehreren Hochschulstandorten, überlegen Sie gut, nach welchen Kriterien Sie entscheiden. Wünschen Sie sich auf jeden Fall die Großstadt, auch wenn Sie womöglich erstmal pendeln müssen oder nur eine Übergangswohnung finden? Oder gehen Sie den vermeintlich sichereren Weg in eine andere Stadt, in der es vielleicht weniger Freizeitangebote, aber dafür zum Beispiel mehr Wohnungen gibt? Schauen Sie sich an mehreren Orten um.

Ist der Anfang an der Uni geschafft, warten neue Herausforderungen, zum Beispiel die Frage, wie Sie Ihre Nebenjobs mit dem eigentlichen Studium und den ersten anstehenden Prüfungen möglichst stressfrei vereinbaren können. Auch Prüfungsangst, Stress oder Schreibblockaden können ein Thema werden, ebenso Selbstzweifel, ob das gewählte Studium überhaupt das Richtige für Sie ist.

→ TIPP

Keine Angst: Es ist keine Schande, sich in so einer Situation Unterstützung zu suchen. Nutzen Sie die Beratungs- und Hilfsangebote Ihres Studierendenwerks vor Ort. Weitere Beratungsstellen, an die Sie sich je nach Einzelfall wenden können, finden Sie über die Seite dajeb.de.

Zu klären ist außerdem, wie ob und wie Sie die vorlesungsfreie Zeit nach Ende der Semester sinnvoll nutzen wollen. Verschaffen Sie sich einen Überblick, wie Sie in diesen Wochen und Monaten eingebunden sind: ob etwa Hausarbeiten zu schreiben sind, ob Klausuren anstehen oder ob beispielsweise Zeit für einen Nebenjob oder ein Praktikum bleibt.

Praktische Erfahrungen sammeln

Viele von Ihnen kommen nicht umhin, sich um ein Praktikum zu kümmern – wenn es für Sie in der Studienordnung fest vorgeschrieben ist. Andere sehen in einem freiwilligen Praktikum die Chance, in den gewünschten Beruf hineinzuschnuppern und möglicherweise wichtige Fertigkeiten und Kenntnisse zu erwerben, die sie für ihren Berufswunsch benötigen. Damit Sie hinterher nicht enttäuscht sind, überlegen Sie sich möglichst vorher, in welche Richtung es gehen soll und welcher Betrieb oder welche Art von Betrieb oder Einrichtung dafür infrage kommt. Hören Sie sich um, ob es Erfahrungsberichte gibt. Vielleicht kennt jemand jemanden, der dort auch schon einmal ein Praktikum gemacht hat. Auch im Internet finden Sie zum Beispiel über Job- und Praktikumsbörsen Erfahrungsberichte.

Je nach Branche kann die Suche nach Praktikumsstellen unproblematisch sein, sie kann aber auch zu einer echten Herausforderung werden. Das Schwarze Brett am Institut kann

Mehr ist nicht unbedingt besser

„Es ist nicht sinnvoll, einfach ein freiwilliges Praktikum nach dem anderen zu absolvieren", sagt **Fabian Schmidt, Experte fürs Studium bei der DGB-Jugend.** „Stattdessen sollten Sie gut planen, welches Praktikum Ihnen etwas bringen und bei der beruflichen Orientierung helfen kann. Eine umfangreiche Datenbank mit Erfahrungsberichten zu Praktika bietet zum Beispiel unsere Internetseite https://jugend.dgb.de/dgb_jugend/dein-praktikum." Praktika nach Ende des Studiums hält Schmidt nicht für die beste Lösung: „Ein Praktikum soll dem Lernen dienen, aber mit dem Examen in der Tasche sind Sie bereits ausgebildet. Traineeprogramme oder Volontariate sind in diesem Fall die bessere Lösung."

genauso zum Ziel führen wie das Durchforsten diverser Online-Jobportale und Praktikumsbörsen. Auch Besuche von Absolventen- oder Ausbildungsmessen können sich lohnen, ebenso die Suche über Social-Media-Kanäle.

Doch wie kommen Sie zum erhofften Praktikumsplatz? Das allgemeingültige Erfolgsrezept gibt es leider nicht, ein paar grundsätzliche Tipps aber schon. Einer

davon: Haben Sie mögliche Adressen gefunden, empfiehlt es sich häufig, allen Mut zusammenzunehmen und dort anzurufen. Häufig werden in Stellenangeboten gleich konkrete Ansprechpartner genannt – es ist

 INFORMATION

Die richtige Bewerbung

Wie sieht die richtige Bewerbung aus, wie absolviere ich ein erfolgreiches Vorstellungsgespräch? In den Buchhandlungen füllen zahlreiche Bewerbungsratgeber die Regale, im Internet finden Sie unzählige Tipps und Hinweise. Wenn Sie erst einmal auf der Suche nach kostenlosen Informationen sind, können Sie sich zum Beispiel auf den Karriereportalen von Hochschulmagazinen umschauen oder auch auf den Seiten von Online-Stellenbörsen nach Tipps suchen. Bei aller Vorbereitung: Achten Sie bei Ihrer Bewerbung auch auf vermeintliche Kleinigkeiten. Prüfen Sie zum Beispiel die Rechtschreibung im Bewerbungsschreiben und achten Sie darauf, dass der Name des Ansprechpartners richtig geschrieben oder auch die gewünschte Abteilung korrekt benannt ist. Fragen Sie eine Freundin oder den WG-Nachbarn, ob er einmal auf die Unterlagen schauen kann.

Vertrag als Grundlage

„Egal, ob bezahlt oder unbezahlt, ob Pflichtpraktikum oder freiwilliges Praktikum: Es sollte immer ein Vertrag geschlossen werden", sagt **Fabian Schmidt, Experte fürs Studium bei der DGB-Jugend:** „Wenn vor dem Praktikum Inhalte und Ziele schriftlich festgehalten wurden, können sich die Praktikanten genau darauf beziehen, wenn es nicht so läuft wie abgesprochen. Es gibt per Gesetz einen Anspruch darauf, dass die wesentlichen Bedingungen fürs Praktikum – dazu gehören auch Arbeitszeiten und Urlaubsanspruch – vertraglich festgehalten werden. Auch bei Pflichtpraktika kann ein Urlaubsanspruch schriftlich vereinbart werden. Der verpflichtende Umfang des Pflichtpraktikums muss aber trotzdem voll erfüllt werden. Bei Problemen sollten Sie im ersten Schritt das Gespräch mit Ihrem Chef oder der zuständigen Betreuungsperson suchen. Ändert sich danach nichts, bliebe im letzten Schritt, nach Wegen zu suchen, um das Praktikum vorzeitig zu beenden."

bietet eine gute Chance, mehr zu erfahren, als in der Stellenausschreibung geschrieben steht. Und es bietet gleich die Gelegenheit, einen netten, freundlichen Eindruck zu hinterlassen. Außerdem können Sie sich dann in einer anschließenden Bewerbung auf das „Telefonat mit Frau oder Herrn Xy" berufen. Gerade, wenn Sie sich initiativ bewerben und vielleicht erst noch herausfinden wollen, ob überhaupt Praktika im Unternehmen möglich sind, ist ein erster Telefonkontakt umso wertvoller.

Ist Ihre Bewerbung gut angekommen und haben Sie auch das Vorstellungsgespräch erfolgreich absolviert? Damit das Praktikum erfolgreich wird, sollten Sie mit Ihrem Praktikumsbetrieb vertraglich niederlegen, was das Praktikum beinhaltet. Dann können Sie neben Beginn und Dauer des Praktikums zum Beispiel festhalten, in welche Abteilung Sie hineinschnuppern wollen, welche Aufgaben Sie dort erlernen und erledigen, wie diese Arbeit vergütet wird und welche Arbeitszeiten für Sie gelten.

Das Studium finanzieren

Wer in Deutschland studiert, hat im Schnitt 918 Euro im Monat zur Verfügung. 86 Prozent der Studierenden werden von ihren Eltern finanziell unterstützt – im Schnitt mit 541 Euro im Monat. Diese Ergebnisse brachte

also durchaus erwünscht, wenn Sie sich für Ihre Bewerbung telefonisch mit dem Unternehmen in Verbindung setzen. Das Telefonat

die 21. Sozialerhebung des Deutschen Studentenwerks hervor. 61 Prozent der Befragten jobben neben ihrem Studium, 32 Prozent der Studierenden erhalten BAföG.

Die im Schnitt rund 900 Euro, die monatlich zur Verfügung stehen, müssen für alles reichen – angefangen bei der Miete und den Kosten für das Studieren an sich bis hin zu alltäglichen Dingen wie Internetflat, Nudeln und Zahnpasta. Damit Sie trotz eines knappen Budgets finanziell klarkommen, sollten Sie sich möglichst von Anfang an ein klares Bild von Ihren Einnahmen und Ausgaben machen und Ihre Chancen auf Vergünstigungen kennen.

Woher bekommen Studierende ihr Geld?

Die Umfragedaten zeigen es: Die Unterstützung durch die Eltern ist für fast alle eine wichtige Basis, um ihr Studium finanzieren zu können. Solange Sie noch in der Ausbildung sind und finanziell noch nicht auf eigenen Füßen stehen können, haben Sie einen

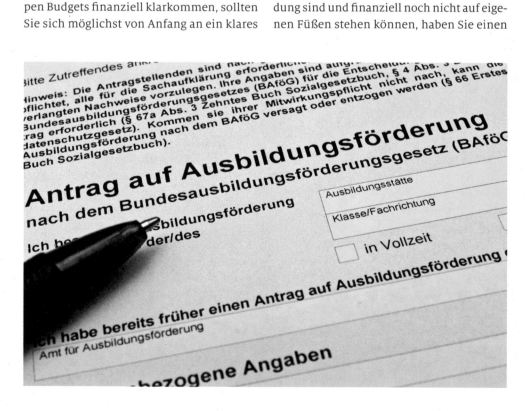

Anspruch auf Unterhalt. Meist ist es ein direkter Finanzzuschuss durch die Eltern. Wie hoch die direkte Finanzspritze ausfallen kann oder muss und welche Alternativen es gibt, lesen Sie im Abschnitt „Recht auf Unterhalt", → Seite 17.

Die weitere wichtige Grundlage für die Studienfinanzierung – das „Jobben nebenbei" – ist so komplex, dass wir diesem Thema ein ganzes Kapitel widmen → Seite 79.

Grundsätzlich gilt: Achten Sie darauf, wann Sie wie viel arbeiten und wie viel Geld Sie verdienen. Davon hängt ab, wie viel Ihnen von Ihrem Bruttoverdienst tatsächlich netto zur Verfügung steht. Davon hängt auch ab, wie günstig Sie sich krankenversichern können und ob Sie weiter Anspruch auf BAföG-Leistungen haben. Insgesamt gilt: Sie haben mehrere Möglichkeiten, um netto möglichst viel von Ihrem Bruttoverdienst einzustreichen – häufig entgehen Sie Steuern und Sozialabgaben sogar komplett. Und: Vor allem während der Semesterferien haben Sie deutlich mehr Spielräume, um nebenbei Geld zu verdienen, als in der Vorlesungszeit.

Chance auf BAföG nutzen

Eine weitere wichtige Säule für die Finanzierung des Studiums ist für viele das BAföG. Im Frühjahr 2019 beträgt die maximale Förderung 735 Euro im Monat. Der Betrag setzt sich zusammen aus dem Regelbedarf von 649 Euro für Studierende an einer Hochschule in Deutschland, einem anderen EU-Land oder der Schweiz, für Studierende, die nicht mehr bei den Eltern wohnen, sowie 86 Euro Zuschuss zur gesetzlichen Kranken- und Pflegeversicherung, wenn Sie eine eigene Krankenversicherung benötigen. Ein Gesetzesentwurf sieht aber eine Erhöhung der Sätze vor: Der Förderhöchstsatz soll bis 2020 in zwei Stufen auf bis zu 861 Euro im Monat steigen. Die erste Erhöhung ist für den Herbst 2019 vorgesehen. Das Plus ergibt sich, da der Wohnkostenzuschuss von 250 auf 325 Euro erhöht wird. Für den Grundbedarf soll es künftig bis zu 427 Euro geben, für Kranken- und Pflegeversicherung 109 Euro.

→ **TIPP**

Bis zum Redaktionsschluss für diesen Ratgeber lag ein Gesetzesentwurf zu diesen Änderungen vor, das Gesetz war aber noch nicht verabschiedet. Am besten verfolgen Sie die Berichterstattung über diese Gesetzesänderung in der nächsten Zeit. Ausführliche Informationen erhalten Sie zum Beispiel unter bafög.de sowie über die Studierendenwerke vor Ort.

Den Antrag auf Leistungen nach dem Bundesausbildungsförderungsgesetz stellen Sie, wenn Sie studieren wollen, schriftlich beim Amt für Ausbildungsförderung des für Sie zuständigen Studierendenwerks. Dort finden

Keine Angst vor Formularen

Sie sind unsicher, ob sich der BAföG-Antrag lohnt? **Bernhard Börsel, Leiter des Referats Studienfinanzierung und bildungspolitische Fragen beim Deutschen Studentenwerk,** rät, es zu probieren, auch wenn der Antrag etwas Zeit kostet: „Viele Studentenwerke bieten Online-Rechner an, mit denen Sie vorab zumindest grob ermitteln können, ob und in welcher Höhe Sie Anspruch auf Leistungen haben. Von dem dann ausgezahlten Geld müssen viele übrigens später weit weniger als die Hälfte zurückzahlen. Denn die Rückzahlung ist auf insgesamt rund 10.000 Euro begrenzt, selbst dann, wenn jemand zum Beispiel für fünf Jahre den Höchstsatz und damit insgesamt deutlich über 40.000 Euro erhalten hat."

Sie auch die jeweiligen Formblätter, die Sie für Ihren Antrag einreichen müssen. Ob Sie die Höchstsumme ausgezahlt bekommen oder zumindest einen Teil davon, hängt von Ihrem eigenen Einkommen und Vermögen ab sowie vom Einkommen der Eltern oder von dem des Ehe- oder Lebenspartners. Damit letztlich Ihr persönlicher Förderbedarf ermittelt werden kann, müssen Sie mit Ihrem Antrag auch den Steuerbescheid Ihrer Eltern oder Ihres Ehepartners einreichen. Auf Ihr eigenes Einkommen und das der Eltern werden verschiedene Freibeträge angerechnet.

Anspruch auf die BAföG-Förderung haben Sie bei deutscher Staatsangehörigkeit im Studium oder im Praktikum, wenn Sie zu Beginn der Ausbildung noch nicht 30 Jahre und bei einem Masterstudium noch nicht 35 Jahre alt sind.

Unter bestimmten Voraussetzungen, zum Beispiel aufgrund einer Krankheit oder Kindererziehung, können Sie auch bei späterem Ausbildungsbeginn noch gefördert werden. Auch ausländische Studierende sowie ausländische Schülerinnen und Schüler können eventuell gefördert werden.

→ **TIPP**

BAföG bekommen Sie erst ab dem Monat, in dem Sie den Antrag stellen. Wenn Sie also im Oktober 2019 Ihr Studium aufnehmen, sollten Sie bis spätestens 31. Oktober die Förderung beantragen, wenn sie rückwirkend vom ersten Tag an der Uni fließen soll. Um die Frist einzuhalten, reicht zunächst ein formloser Antrag, die ausgefüllten Formulare können dann nachgereicht werden. Die Förderung gilt für ein Jahr. Folgeanträge sollten bis spätestens zwei Monate vor Auslaufen gestellt werden.

Es gelten unter anderem folgende Regeln:

→ Den Förderantrag stellen Sie immer für ein Jahr.

→ Wenn Sie auf das Jahr gerechnet durchschnittlich nicht mehr als 450 Euro im Monat verdienen, ändert sich an der für das jeweilige Jahr bewilligten BAföG-Leistung nichts. Bei höherem Einkommen wird das BAföG aber gekürzt. Wenn Sie ein nicht steuerpflichtiges Stipendium bekommen, das begabungs- und leistungsabhängig ist, wird es in der Höhe von bis zu 300 Euro nicht auf das BAföG angerechnet.

→ Sie können die Förderung im Normalfall bis zum Ende der Regelstudienzeit erhalten, in Ausnahmefällen auch länger. Nach dem vierten Semester oder der Zwischenprüfung müssen Sie dem Amt für Ausbildungsförderung allerdings einen Leistungsnachweis vorlegen. Wenn Sie ein Bachelor-Studium absolvieren und einen darauf aufbauenden Master anhängen, können Sie auch für diesen zweiten Ausbildungsabschnitt noch die Unterstützung bekommen. Ausbildungen auf dem zweiten Bildungsweg können ebenfalls finanziell gefördert werden.

→ Selbst wenn Sie einmal Ihr Studienfach wechseln, können Sie weiterhin BAföG bekommen. Voraussetzung ist aber, dass ein gewichtiger Grund für den Wechsel vorliegt und dass er spätestens bis zum Beginn des vierten Fachsemesters erfolgt.

→ Förderung können Sie auch für einen Auslandsaufenthalt beantragen, zum Beispiel wenn Sie ein Semester in Kanada studieren wollen oder dort ein Praktikum absolvieren, das in der Studien- oder Prüfungsordnung als notwendig vorgeschrieben ist. Wer jetzt gehofft hat, dass das in Deutschland gezahlte BAföG in dieser Zeit einfach weiterläuft, hat leider den bürokratischen Aufwand unterschätzt. Denn hierfür müssen Sie separate Formulare ausfüllen, und es sind andere Ämter für Ausbildungsförderung zuständig.

→ Unter bestimmten Voraussetzungen können Sie auch unabhängig vom Einkommen der Eltern BAföG beziehen: zum Beispiel, wenn Sie zunächst Ihre dreijährige Ausbildung in einem Betrieb machen und danach für drei Jahre dort arbeiten und sich durch diese Tätigkeit selbst finanziell über Wasser halten konnten. Fragen Sie beim Amt für Ausbildungsförderung nach.

Was darf ich behalten?

Die gute Nachricht: Zumindest einen Teil der gezahlten BAföG-Leistungen können Sie einstreichen, ohne jemals etwas davon zurück-

CHECKLISTE

Ran an die BAföG-Formulare

Allein die Aufzählung der auszufüllenden Formblätter kann schon Angst und Schrecken verbreiten: Wenn Sie Schwierigkeiten mit dem Ausfüllen haben, zögern Sie nicht, sich Hilfe bei der Beratungsstelle in Ihrem Amt für Ausbildungsförderung zu holen. Hier können Sie auch andere Fragen stellen, zum Beispiel zu Sonderregelungen bei zwischenzeitlicher Krankheit oder einer Auszeit wegen Kindererziehung. Beim Amt erhalten Sie auch die Antragsformulare, oder Sie können Sie unter bafög.de herunterladen.

→ **Formblatt 1:** Antrag auf Ausbildungsförderung, immer auszufüllen

→ **Anlage 1 zum Formblatt 1:** Schulischer und beruflicher Werdegang, auszufüllen bei einem Erstantrag, nach einer Unterbrechung der Ausbildung oder bei einem Antrag auf Förderung eines Ausbildungsabschnitts im Ausland

→ **Anlage 2 zum Formblatt 1:** Wenn Sie Kinder haben und einen Kinderbetreuungszuschlag erhalten möchten

→ **Formblatt 2:** Bescheinigung über den Besuch einer Ausbildungsstätte, die Teilnahme an einem Praktikum oder Fernunterrichtslehrgang. Dieses Formblatt ist immer einzureichen, kann aber durch eine Immatrikulationsbescheinigung der Hochschule mit dem Hinweis „Bescheinigung nach § 9 BAföG" ersetzt werden.

→ **Formblatt 3:** Einkommenserklärung des Ehepartners und/oder der Eltern. Das Formblatt ist mit Ausnahme des „Antrags auf elternunabhängige Förderung" immer einzureichen. Haben beide Elternteile Einkommen erzielt, sind zwei Formblätter einzureichen.

→ **Formblatt 4:** Zusatzblatt für Ausländer ist bei Erstantrag auszufüllen, allerdings nur nach ausdrücklicher Anforderung

→ **Formblatt 5:** Diese Leistungsbescheinigung ist grundsätzlich für eine Förderung ab dem fünften Fachsemester vorzulegen.

→ **Formblatt 6:** Antrag auf Ausbildungsförderung im Ausland, etwa für ein Auslandssemester oder Auslandspraktikum

→ **Formblatt 7:** Aktualisierungsantrag bei Einkommensänderungen. Dieses Formblatt kann ausgefüllt werden, wenn das anrechenbare Einkommen im Bewilligungszeitraum voraussichtlich deutlich niedriger ausfallen wird, als in Formblatt 3 zunächst angegeben.

→ **Formblatt 8:** Antrag auf Vorausleistung von BAföG, nach Bedarf auszufüllen.

Quelle: Bundesministerium für Bildung und Forschung, bafög.de

zahlen zu müssen. Der andere Teil der Leistungen wird Ihnen als zinsloses Darlehen gewährt. Mit der Rückzahlung – maximal rund 10.000 Euro – starten Sie fünf Jahre nach dem Ende der Förderungshöchstdauer. Entscheidend ist also nicht unbedingt der Termin Ihres Examens: Die Rückzahlung beginnt fünf Jahre nach Ablauf der Regelstudienzeit. Ungefähr ein halbes Jahr vorher erhalten Sie Post vom Bundesverwaltungsamt. Aus dem Bescheid geht hervor, wie viel Sie ab wann zurückzahlen müssen. Möglich ist eine Ratenzahlung. Sollten Sie hingegen in der Lage sein, die ganze geforderte Summe auf einen Schlag zu begleichen, bekommen Sie Rabatt. Bei niedrigem Einkommen kann die Rückzahlung ausgesetzt werden. Das müssen Sie aber beim Bundesverwaltungsamt beantragen.

Stipendien: Warum nicht einfach mal probieren?

BAföG bekommt nicht jeder, zum Jobben bleibt kaum Zeit? Dann wäre es günstig, mit einem Stipendium etwas besser über die Runden zu kommen. Das klingt gut – und steht vielleicht mehr Studierenden offen, als Sie glauben. Denn in Deutschland gibt es zahlreiche, zum Teil wenig bekannte Stiftungen und Institutionen, die Studierende unterstützen. Zuerst denken Sie vielleicht an die großen staatlichen Begabtenförderungswerke, wie die parteinahen Einrichtungen Konrad-Adenauer-Stiftung (CDU) oder die

Chancen auf ein Stipendium

„Eine Chance auf ein Stipendium haben nicht nur diejenigen, die immer die besten Noten haben", sagt **Bernhard Börsel, Leiter des Referats Studienfinanzierung und bildungspolitische Fragen beim Deutschen Studentenwerk.** „Häufig können Sie auch mit ganz anderen Leistungen punkten, zum Beispiel mit ehrenamtlichem Engagement."

Friedrich-Ebert-Stiftung (SPD), oder die überparteiliche „Studienstiftung des deutschen Volkes".

Doch darüber hinaus gibt es noch viel mehr: Mit der Suchfunktion auf der vom Bundesbildungsministerium eingerichteten Seite stipendienlotse.de stößt man auf zahlreiche, oft unbekannte Stiftungen und Institutionen, die Unterstützung anbieten. Auch wenn sie alle, die sich für ein Stipendium bewerben, genau prüfen und bestimmte Voraussetzungen erwarten, zeigt sich, dass sich für Studierende zum Beispiel aufgrund ihres Heimatorts, ihres Studienfachs oder ihres Glaubens doch noch ein unerwarteter finanzieller Zuschuss ergeben kann. Deshalb lohnt es sich, wenn Sie sich vor Studienbeginn die Zeit nehmen, zunächst einen Überblick über

INFORMATION

Anlaufstellen für Stipendien

→ **Stipendienlotse:** Das Bundesministerium für Forschung und Bildung hat unter stipendienlotse.de eine Datenbank eingerichtet, bei der Studierende unter mehreren hundert Angeboten auf die Suche nach einer Förderung gehen können.

→ **Stipendiumplus:** Auf der Seite stipendiumplus.de haben 13 Begabtenförderungswerke in Deutschland ausführliche Informationen über sich und ihre Fördermöglichkeiten zusammengetragen.

→ **Deutschlandstipendium:** Welche Bedingungen für die Förderung gelten, wie Sie sich bewerben können und was Sie sonst beachten müssen, finden Sie im Internet auf deutschlandstipendium.de.

die Stipendien zu bekommen und anschließend eine aussagekräftige und sorgfältig zusammengestellte Bewerbung einreichen.

Ein weiteres Förderangebot ist das sogenannte „Deutschlandstipendium". Das Konzept dahinter: Der Bund gibt jeden Monat 150 Euro, und private Förderer wie Wirtschaftsunternehmen, Stiftungen oder Alumni (ehemalige Studierende, die ihrer Uni verbunden bleiben) geben die gleiche Summe

dazu. Mit den insgesamt 300 Euro monatlich sollen Studierende sowie Studienanfänger gefördert werden, deren Werdegang herausragende Leistungen in Studium und Beruf erwarten lässt, heißt es von Seiten des Bildungsministeriums. Das Geld soll unabhängig vom Einkommen der Eltern fließen und kann zusätzlich zum BAföG bezogen werden.

Einen Kredit aufnehmen

Als weitere Möglichkeit zur Finanzierung des Studiums bleibt, ein Darlehen aufzunehmen – um damit zum Beispiel in der stressigen Zeit der Abschlussprüfungen finanziell unabhängiger zu sein, sodass Sie auf Nebenjobs verzichten können. Bevor wir die einzelnen Kreditangebote vorstellen, eins vorweg: Die Entscheidung für ein Darlehen sollten Sie gut überlegen. Egal welche Variante Sie wählen, Sie starten mit Schulden ins Berufsleben, die Sie über kurz oder lang abzahlen müssen. Überlegen Sie sich, ob es nicht eine andere, günstigere Alternative gibt:

→ Haben Sie tatsächlich keinen Anspruch auf BAföG? Der Zuschuss und das zinslose Darlehen sind günstiger als ein Kredit.

→ Können Ihre Eltern mehr einspringen als bisher?

→ Besteht die Chance auf ein Stipendium?

Andererseits gilt natürlich auch: Wenn es Ihnen gelingt, mithilfe des Kredits weitere Verzögerungen zu vermeiden, schneller zum

Kredit: nicht für jeden gut geeignet

„Wenn ein Kredit, dann möglichst wenig oder möglichst spät, zum Beispiel erst in der letzten Phase des Studiums", sagt **Ulrich Müller, Leiter politische Analysen beim CHE, gemeinnütziges Centrum für Hochschulentwicklung:** „Der Kredit kann der letzte Halt sein für diejenigen, die sicher sind, ihr Studium abzuschließen und sich mehr finanziellen Spielraum für die Schlussphase wünschen. Wer hingegen noch nicht endgültig entschieden ist, vielleicht noch über einen Wechsel des Studienfachs oder den Abbruch des Studiums nachdenkt, sollte die Finger von dem Kredit lassen."

Abschluss zu kommen und früher ein vernünftiges Gehalt zu erzielen, zahlt sich das Darlehen trotzdem aus.

Eine erste Möglichkeit, sich Geld zu leihen ist, dass Sie sich an die Darlehenskasse Ihres Studierendenwerks wenden, um dort gegen eine Verwaltungspauschale ein zinsfreies Darlehen zu erhalten. Dieses müssen Sie zwar auch zurückzahlen, aber Sie entgehen immerhin den Zinsen, die Sie für einen Kredit bei Bank oder Sparkasse zahlen müssten. Der Haken bei der Sache: In der Regel

benötigen Sie einen Bürgen, der im Ernstfall die Rückzahlung für Sie übernehmen würde. Außerdem ist die Auszahlung zeitlich und in der Höhe begrenzt – das Darlehen eignet sich also nicht für das gesamte Studium.

Eine mögliche Alternative ist der Studienkredit der KfW-Bank. Für diesen müssen Sie allerdings Zinsen zahlen. Über die jeweils aktuellen Konditionen können Sie sich unter kfw.de informieren. Speziell für die Examenszeit besteht die Möglichkeit, beim Bundesverwaltungsamt einen Bildungskredit zu beantragen, der über die KfW ausgezahlt wird. Der Bildungskredit ist vor allem für die Schlussphase eines Studiums, für Praktika, Zusatz-, Ergänzungs- oder Aufbaustudien gedacht. Der Kredit ist auf 24 Monate begrenzt, möglich sind Auszahlungen bis zu 300 Euro pro Monat.

Viele private Banken und Sparkassen bieten dagegen keine Studienkredite (mehr) an, bei einzelnen Anbietern können Sie allerdings noch fündig werden. Wenn Sie nach einem Darlehen suchen, sollten Sie möglichst mehrere Angebote vergleichen.

Als weitere Alternative kommt die Finanzierung über einen Bildungsfonds infrage. Bei einem solchen Fonds zahlen zum Beispiel Unternehmen, Stiftungen und private Investoren Geld ein. Dieses wird an einen ausgewählten Kreis von Studierenden ausgeschüttet, die es dann nach Ende Ihrer Ausbildung an die privaten Investoren zurückzahlen müssen. Im Regelfall müssen die geförder-

Vorher genau informieren

„Es ist ungeheuer wichtig, die Vertragsbedingungen für einen Studienkredit genau durchzulesen, um das böse Erwachen nach dem Examen zu vermeiden", rät **Ulrich Müller, Experte für Studienkredite beim Centrum für Hochschulentwicklung.** „Sind zum Beispiel beim Bankdarlehen die Konditionen für die Rückzahlung von vornherein festgelegt oder müssen diese womöglich noch nach Studienende verhandelt werden? Oder: Anhand welchen Einkommens wird bei einem Bildungsfonds die Höhe der einkommensabhängigen Rückzahlung ermittelt, wenn Sie nach dem Studium zunächst nur eine Teilzeitstelle finden? Auf solche Punkte sollten Sie vor Abschluss des Vertrags unbedingt achten."

ten Studierenden bei späterer Berufstätigkeit über einen vorher festgelegten Zeitraum einen prozentualen Anteil ihres Einkommens an den Fonds zurückzahlen. Das bedeutet: Wer von Anfang an gut verdient, muss dementsprechend auch mehr zurückzahlen.

Ab ins Ausland

Ein Semester in Santiago de Chile oder ein Praktikum in San Francisco: Ein Auslandsaufenthalt während des Studiums macht sich besonders gut im Lebenslauf und ist häufig fast schon Voraussetzung für einen erfolgreichen Einstieg in den Beruf.

Wollen Sie für einige Zeit ins Ausland, vielleicht sogar das gesamte Studium im Ausland absolvieren? Dann müssen Sie für die Organisation Zeit und bis zum Abflug einen gewissen Vorlauf einplanen. Der Deutsche Akademische Austauschdienst (DAAD) rät dazu, mindestens eineinhalb Jahre im Voraus damit zu beginnen, Informationen zusammenzutragen. Ähnlich ist es bei den Auslands-Praktikumsstellen: Die interessanten Angebote sind begehrt, sodass Sie möglichst früh mit der Planung beginnen sollten.

→ **TIPP**

Auf daad.de finden Sie unter „Infos für Deutsche" in der Rubrik „Studieren im Ausland" eine „Checkliste zum Abhaken" – wann Sie mit welchen Planungen für Ihren Auslandsaufenthalt beginnen sollten.

Zunächst sollten Sie für sich klären, ob und vor allem wann ein längerer Auslandsaufenthalt organisatorisch überhaupt möglich wäre. Außerdem: Welche Hochschule kommt inhaltlich mit ihrem Studienangebot überhaupt infrage? Bestehen dort Zulassungsbeschränkungen? Müssen Sprachkenntnisse auf einem bestimmten Niveau nachgewiesen werden und wenn ja, wo kann diese Prüfung abgelegt werden? Klären Sie zudem, was Sie mit den erworbenen Kenntnissen und Leistungsnachweisen für Ihr Studium in Deutschland oder die anschließende Berufstätigkeit anfangen können. Werden Ihre Prüfungsleistungen im Ausland hierzulande anerkannt? Lassen Sie sich vor Ihrer endgültigen Entscheidung unbedingt zu diesen Fragen beraten.

Wenn Sie bereits in Deutschland studieren, wenden Sie sich zu allen Fragen des Auslandsstudiums, zu eigenen Austauschprogrammen der Hochschule und zu den bestehenden Programmen der Europäischen Union an das akademische Auslandsamt Ihrer Universität. Fragen Sie auch Ihre Professoren und Dozenten nach Kontakten und möglichen Gruppenprogrammen für das Auslandsstudium. Recherchieren Sie selbst auf den Webseiten der angestrebten Uni.

Geld spielt auch eine Rolle

Ein weiterer wichtiger Knackpunkt für Ihre Auslandsplanungen: Können Sie sich ein Semester in Schweden oder Kanada leisten? Wie kommen Sie klar, wenn Sie den Verdienst aus Ihrem Nebenjob in Deutschland nicht mehr haben? Können Sie mit der Unterstützung Ihrer Eltern rechnen?

Erkundigen Sie sich nach anderen Fördermöglichkeiten, zum Beispiel Auslands-BAföG oder Stipendien. Eventuell müssen Sie auch für den Auslandsaufenthalt einen Kredit aufnehmen.

Beginnen Sie früh genug damit, sich um diese Themen zu kümmern. Wenn Sie frühzeitig merken, dass es finanziell nicht klappen kann, können Sie sich die weitere Zeit und Mühe sparen. Oder Sie haben noch genug Zeit, einen Finanzierungsplan aufzustellen und womöglich einen Extra-Job in den nächsten Semesterferien anzunehmen.

→ TIPP

Planen Sie in Ihre Vorbereitungen auch andere organisatorische Punkte ein: Wie lange dürfen Sie in dem Studien-Gastland bleiben? Benötigen Sie ein Visum und wann müssen Sie es beantragen? Informationen zu solchen Fragen finden Sie zum Beispiel über die Botschaften des Gastlandes. Über die Homepage des Auswärtigen Amtes auswaertiges-amt.de können Sie sich zu den jeweiligen Ländern durchklicken.

Wenn feststeht, wo es hingeht und wann es losgeht, folgt die konkretere Planung: Von der Wohnungs- oder Wohnheimsuche über die Flugbuchung bis hin zur eventuell nötigen Auffrischung des Impfschutzes.

Denken Sie auch an Kleinigkeiten. Es kann zum Beispiel nicht schaden, vor der Reise die in dem Jahr fällige Kontrolluntersuchung beim Zahnarzt machen zu lassen, um alle Fristen einzuhalten.

Für den Versicherungsschutz gilt: Sie sollten nicht ohne passende Auslandsreisekrankenversicherung ins Ausland starten. Erkundigen Sie sich nach Tarifen für einen längeren Auslandsaufenthalt.

Spätestens kurz vor dem Abflug sollten Sie klären, wie Sie finanziell vor Ort zurechtkommen: Wo und mit welcher Karte können Sie günstig Geld abheben? Benötigen Sie Reiseschecks?

Wenn Sie ins Ausland gehen, sprechen Sie zudem mit Ihrem Vermieter. Sie müssen nicht gleich Ihre Wohnung oder Ihr Zimmer kündigen, sondern fragen Sie ihn, ob Sie untervermieten dürfen. Ein Auslandsstudium ist ein berechtigter Grund für die Untervermietung. Vergessen Sie auch nicht, sich über die Post Gedanken zu machen. Soll sie weiter an Ihre eigentliche Adresse gehen, oder wollen Sie für Ihre Abwesenheit einen Nachsendeantrag stellen, sodass die Briefe zum Beispiel an Ihre Eltern oder einen Freund weitergeleitet werden?

Im Lauf der Zeit werden Ihnen immer wieder Dinge einfallen, die Sie beachten wollen oder müssen. Informieren Sie sich, so gut es geht, zum Beispiel über die Seite des Deutschen Akademischen Austauschdienstes unter daad.de, und suchen Sie zum Beispiel über Online-Plattformen nach Erfahrungsberichten.

Erfolgreich durch die Warteschleife

Klappt es nicht direkt mit dem erhofften Studien- oder Ausbildungsplatz? Oder wissen Sie noch gar nicht genau, in welche Richtung es gehen soll? Es gibt einige Möglichkeiten, solche Übergangsphasen sinnvoll zu gestalten.

Mit dem Schulabgangszeugnis in der Tasche werden Sie auf jeden Fall eine Übergangsphase von mehreren Wochen haben, ehe es mit Ausbildung oder Studium losgeht. Für einen Urlaub mit Freunden dürfte die Zeit sicher reichen, ebenso um mit Nebenjobs ein kleines Finanzpolster fürs Studium aufzubauen oder um erste praktische Erfahrungen im vermeintlichen Traumjob zu sammeln. Allerdings gilt hier: Es kann finanziell zum Beispiel einen großen Unterschied ausmachen, ob Sie für höchstens drei Monate arbeiten oder etwas länger. Auch Praktika werden unterschiedlich gehandhabt – je nachdem, ob es ein Pflichtpraktikum ist oder ein frei-

williges, ob es vor einem Studium oder einer Berufsausbildung absolviert wird, → „Nebenjobs und Praktika", Seite 79.

Eventuell bleibt es aber gar nicht bei den wenigen Wochen oder einigen Monaten Übergangszeit: wenn zum Beispiel die Abi-Note nicht gleich für den erhofften Studienplatz reicht. Oder wenn Sie freiwillig für sich entscheiden, erst mal eine längere Auszeit zu nehmen, bietet sich Zeit und Gelegenheit, um zum Beispiel die Welt zu entdecken, sich freiwillig zu engagieren oder verschiedene Berufsrichtungen auszuprobieren. Auch in solchen Phasen sind einige Besonderheiten zu beachten, zum Beispiel um den Anspruch

Vier Monate sind unproblematisch

„Ein volljähriges Kind ist dann berechtigt, Kindergeld zu beziehen, wenn es sich in der Ausbildung befindet oder ernsthaft um eine Ausbildung oder um einen Studienplatz bemüht", erklärt **Harald Patt, Vizepräsident im Steuerberater-Verband e. V. Köln.** „Darüber ist die Familienkasse zu informieren. Grundsätzlich werden Wartezeiten bis zu vier Monaten anerkannt. Ein etwaiger freiwilliger Verzicht auf einen angebotenen Studienplatz führt aber zum Versagen des Kindergelds."

auf Kindergeld oder die beitragsfreie Krankenversicherung über die Eltern nicht aufs Spiel zu setzen.

Engagiert im Freiwilligendienst

Eine seit vielen Jahren sehr beliebte Möglichkeit, Findungsphasen sinnvoll zu überbrücken und Zeit für die berufliche Entscheidung zu gewinnen, ist ein freiwilliges Engagement im sozialen oder ökologischen Bereich. Auch wenn das nicht für alle infrage kommen wird,

nutzen doch immer wieder viele junge Menschen die Chance und absolvieren einen gesetzlich geregelten Freiwilligendienst. Rund 53.000 von ihnen entscheiden sich jedes Jahr für ein Freiwilliges Soziales Jahr (FSJ) und arbeiten zum Beispiel in Krankenhäusern, Einrichtungen für Menschen mit Behinderungen oder Jugendclubs. Auch die Mitarbeit in Sportvereinen oder in der Denkmalpflege ist möglich. Hinzu kommen etwa 3.000 junge Menschen, die ein „freiwilliges ökologisches Jahr" (FÖJ) absolvieren und beispielsweise Umwelt- und Naturschutzgruppen und Verbände bei der Öffentlichkeitsarbeit unterstützen, sich im Pflanzen- oder Tierschutz engagieren oder Schulklassen über die Lebenswelt Wattenmeer informieren. Wenn Sie sich dafür entscheiden, arbeiten Sie in der Regel ein Jahr lang für Ihre Einsatzstelle.

Der Freiwilligendienst ist möglich, sobald jemand seine Vollzeitschulpflicht erfüllt hat – je nach Bundesland nach neun oder zehn Schuljahren – aber noch keine 27 Jahre alt ist. Das Freiwilligenjahr können Sie also zum Beispiel nach dem Realschulabschluss einlegen, selbst wenn Sie noch nicht volljährig sind, oder auch später, etwa mit Anfang 20 nach einer ersten Berufsausbildung, mit der sie nicht glücklich geworden sind.

Als weitere wichtige Säule der Freiwilligenarbeit in Deutschland hat sich seit mehreren Jahren der Bundesfreiwilligendienst etabliert, den jährlich etwa 27.000 Männer und Frauen absolvieren: Mithilfe dieses Freiwilligendienstes sollten ursprünglich die Lücken geschlossen werden, die der Wegfall des Zivildienstes seit dem Auslaufen der Wehrpflicht hinterlassen hat. Der große Unterschied: Anders als beim FSJ oder FÖJ gibt es für die sogenannten „Bufdis" keine Altersgrenze, die Teilnehmenden können auch älter als 27 Jahre sein. Trotzdem ist der Bundesfreiwilligendienst natürlich vor allem für Abiturientinnen und Abiturienten und Schulabgänger eine gute Möglichkeit, wichtige Erfahrungen und Ideen für die berufliche Zukunft zu sammeln.

Grundsätzlich stehen die verschiedenen Formen des Freiwilligendienstes allen Schulabgängern offen. Angeboten wird ein Freiwilligenjahr von anerkannten Organisationen im sozialen und ökologischen Bereich, unter anderem vom Deutschen Roten Kreuz, der Arbeiterwohlfahrt oder auch von Umweltstiftungen und Naturschutzverbänden. Die Träger sind für die Konzeption des Freiwilligendienstes, für die Koordination und Organisation zuständig und vermitteln die Freiwilligen in ihre Einsatzstellen. Wenn Sie sich für ein freiwilliges Jahr interessieren, erkundigen Sie sich am besten direkt bei den jeweiligen Trägern über mögliche Einsatzstellen

und Bewerbungsvoraussetzungen. Vor Beginn des Freiwilligenjahres schließen Sie mit dem Träger oder gemeinsam mit Träger und Einsatzstelle einen Dienstvertrag oder zumindest eine schriftliche Vereinbarung über die Tätigkeit ab. In dieser Vereinbarung wird unter anderem aufgeführt, wie lange Sie arbeiten und was Sie dafür bekommen.

Ein paar Hintergründe zu den Finanzen:

→ **Verdienst:** Wer sich für einen Freiwilligendienst entscheidet, verdient nicht viel, doch Sie erhalten zumindest ein Taschengeld. 2019 darf das allerdings höchstens bei 402 Euro im Monat liegen. Diese Obergrenze wird jedes Jahr neu festgelegt. Derzeit kann es sein, dass Sie weniger bekommen. Das soll sich allerdings nach den Plänen des Bundesfamilienministeriums ändern. Vorgesehen ist, dass ein Taschengeld in dieser Höhe garantiert wird, → Info-Kasten rechts. Zusätzlich zum Taschengeld dürfen die Träger oder Einsatzstellen Unterkunft, Verpflegung und Arbeitskleidung zur Verfügung stellen oder alternativ einen finanziellen Ausgleich zahlen, wenn sie nichts davon anbieten können.

→ **Abzüge:** Der Träger oder die Einsatzstelle übernimmt die Beiträge zur gesetzlichen Sozialversicherung, also zum Beispiel die Krankenkassenbeiträge. Wer ein FSJ, FÖJ oder BuFdi leistet, muss selbst Mitglied einer gesetzlichen Krankenkasse werden. Waren Sie vorher kostenlos über Ihre Eltern in einer gesetzlichen Kasse versichert, können Sie diese Familienversicherung während des Freiwilligenjahres ruhen lassen und später – etwa bei der Einschreibung für einen Studienplatz – wieder kostenlos mitversichert werden. Sind Sie bisher privat versichert, erkundigen Sie sich früh genug, ob und wie Sie Ihren Versicherungsschutz nach dem Freiwilligenjahr wiederaufleben lassen können. Steuern fallen für Sie nicht an.

→ **Kindergeld:** Während des Freiwilligendienstes besteht weiterhin ein Anspruch auf Kindergeld.

→ **Zusatzleistungen:** Wer an einem Freiwilligendienst teilnimmt, hat auch ein Anrecht darauf, während des Einsatzes pädagogisch unterstützt zu werden – um die Eindrücke und Erfahrungen der Tätigkeit verarbeiten zu können. Hilfreich ist der Austausch mit anderen Teilnehmerinnen und Teilnehmern. Es finden verpflichtende Seminare statt. Bei einem zwölfmonatigen Einsatz kommen Sie auf 25 Bildungstage. Ihre Zeit im Freiwilligendienst können Sie sich in einigen Studiengängen als Praktikum anerkennen lassen.

→ TIPP

Bestimmte Posten für ein Freiwilliges Jahr sind heiß begehrt. Deshalb sollten Sie, wie bei anderen Bewerbungen auch, längere Vorlaufzeiten einkalkulieren. Sollte es beim ersten Mal nicht mit der Bewerbung klappen, bleiben Sie dran: Die Chancen stehen nicht schlecht, dass kurzfristig noch jemand abspringt, sodass Sie als Nachrücker doch noch die Wunschstelle bekommen können.

 INFORMATION

Jugendfreiwilligendienste

Das Bundesfamilienministerium plant, die bestehenden Jugendfreiwilligendienste zu einem „Jugendfreiwilligenjahr" weiterzuentwickeln. Die Angebote sollen attraktiver werden, zum Beispiel indem allen Freiwilligen ein monatliches Freiwilligengeld von 402 Euro (Stand 2019) garantiert wird, auch die Kosten für ein Ticket für den öffentlichen Nahverkehr sollen übernommen werden. Bis Redaktionsschluss für diesen Ratgeber lagen die entsprechenden Pläne auf dem Tisch, allerdings waren sie noch nicht als Gesetz verabschiedet. Mehr Hintergrundinformationen zu den einzelnen Programmen, Hinweise zu Bewerbungen und Kontaktadressen zu Trägerorganisationen finden Sie im Netz unter:

→ bmfsfj.de Das Bundesfamilienministerium stellt die wichtigsten Informationen zu FSJ, FÖJ und Freiwilligendiensten im In- und Ausland zusammen (Stichwort „Freiwilliges Engagement"). Hier können Sie unter anderem die Broschüre „Zeit, das Richtige zu tun" zu den einzelnen Diensten kostenlos herunterladen.

→ bundesfreiwilligendienst.de Auf dieser Seite finden Sie nicht nur weitere Details zum Dienst und dessen Ablauf, sondern Sie können auch nach möglichen Einsatzstellen suchen.

→ arbeitsagentur.de Informationen zu den Einsatzmöglichkeiten im In- und Ausland finden Sie außerdem auf den Seiten der Arbeitsagentur. Unter der Rubrik „Zwischen Schule und Beruf" finden Sie Hintergründe und zahlreiche Links zu möglichen Einsatzprogrammen.

→ pro-fsj.de und foej.de Weitere Informationen bieten außerdem die Bundesarbeitskreise für das FSJ und das FÖJ.

Auf große Fahrt – Zeit für Reiselustige

Wenn nicht direkt nach der Schule, wann dann? Eine bessere Gelegenheit und mehr Zeit, um Arbeitserfahrung im Ausland zu sammeln und die Welt zu erkunden, wird es später kaum noch einmal geben. Gehören Sie zu den Reisewilligen, stehen Ihnen viele Wege offen: Die Teilnahme am Freiwilligendienst im Ausland gehört genauso dazu wie ein Au-pair-Aufenthalt in einer Familie oder ein Working-Holiday-Visum, um etwa in Australien oder Neuseeland Farmarbeit und Reisen zu verknüpfen.

→ TIPP

Eine umfangreiche Übersicht zu möglichen „Wegen ins Ausland" – egal ob Au-Pair-Aufenthalt, Work-Camp oder Work-and-Travel – finden Sie über das Portal eurodesk.de. Dahinter steht die „Fachstelle für Internationale Jugendarbeit" (IJAB). Gefördert wird Eurodesk vom Bundesfamilienministerium und der Europäischen Kommission, sodass eine neutrale Beratung möglich ist. Über die Homepage erfahren Sie Adressen, bei denen Sie sich kostenlos über Auslandsaufenthalte beraten lassen können.

Egal, ob Sie Kinder in Peru betreuen oder in Thailand bei der Versorgung von Elefanten mithelfen: In erster Linie geht es bei solchen Aufenthalten um wertvolle Erfahrungen – das große Geld werden Sie während dieser Aufenthalte nicht verdienen. Im Gegenteil: Meist müssen Sie erst einmal selbst für Flug, Visa-Gebühren oder auch Vermittlung zahlen, ehe es losgeht.

Und was kommt organisatorisch und finanziell vor Ort auf Sie zu?

→ **Freiwilligendienst im Ausland:** Es kann sein, dass alles so ähnlich läuft wie bei einem Freiwilligendienst in Deutschland, wenn Sie für einen deutschen Träger ins Ausland gehen. Sie erhalten dann ein Taschengeld, sind weiter über die gesetzliche Sozialversicherung geschützt und auch der Anspruch auf Kindergeld bleibt bestehen. Sicherheitshalber sollten Sie sich aber vorab gut über alle organisatorischen Details informieren.

Möglich sind auch besondere Rahmenbedingungen, etwa für Höchstalter, Taschengeld, Unterkunft und Verpflegung. Nehmen Sie sich Zeit für die Planung und erkundigen Sie sich frühzeitig. Bekommen Sie einen Platz, nehmen Sie bei vielen Angeboten vor der Abreise an einem Seminar teil, das Sie auf den Einsatz vorbereitet. Am Ende haben Sie oft die Möglichkeit, sich in einem Abschlussseminar mit anderen Freiwilligen auszutauschen.

→ **Au-Pair:** Als Au-Pair erhalten Sie im Normalfall vor Ort ein Taschengeld, kostenfreie Unterkunft und Verpflegung. Wollen Sie als Au-Pair arbeiten, haben Sie häufig gar keine andere Wahl, als Ihren Aufenthalt mit Unterstützung einer Agentur zu organisieren. Wenn Sie etwa als Au-Pair in die USA reisen wollen, geht es nicht ohne. Je nach Anbieter haben Sie dann direkte Ansprechpartner vor Ort, die Ihnen etwa bei der Suche nach einer

 INFORMATION

Agentur finden

Die Auswahl an Au-Pair-Agenturen ist groß, und gerade für einen langen Auslandsaufenthalt ist es wichtig, einen Anbieter zu haben, der auch in Notfallsituationen eine echte Hilfe ist. Eine absolute Garantie, dass alles glatt geht, gibt es nicht, aber im Internet unter guetegemeinschaft-aupair.de finden Sie zertifizierte Agenturen, die ein RAL-Gütezeichen bekommen haben. Weitere sinnvolle Tipps und Hinweise finden Sie auf der Seite des Bundesverbandes der Au-Pair-Agenturen auf der Webseite au-pair-society.org.

Ersatzfamilie helfen, wenn es mit den bisherigen Gasteltern Probleme gibt. Im Angebot sind zudem Einführungsseminare, Hilfe bei der Beschaffung des notwendigen Visums und weitere organisatorische Unterstützung. Je nach Programm besteht zum Beispiel auch die Möglichkeit, vor Ort einen Sprachkurs zu besuchen. Vergleichen Sie, was die jeweiligen Agenturen Ihnen für Ihr Geld bieten.

→ **Work-and-Travel:** Was Sie während eines solchen Auslandsjahres finanziell herausholen, hängt von der Art der Jobs ab und auch davon, wie viel Sie arbeiten und wie viel Zeit Sie mit Reisen verbringen. Doch selbst wenn man dabei nicht reich wird, lohnt sich fast immer der Weg ins Ausland – um die Sprachkenntnisse zu verbessern, selbstständiger zu werden oder einfach um neue Menschen kennenzulernen und Arbeitserfahrungen zu sammeln. Wenn Sie sich für „Work-and-Travel" etwa in Australien oder Neuseeland interessieren, können Sie viel auf eigene Faust organisieren. Alternativ bieten Ihnen zahlreiche Agenturen Ihre Hilfe an. Diesen Service gibt es dann aber nicht umsonst.

→ **TIPP**
Wenn Sie zunächst allein mit Ihren Planungen für das Auslandsjahr beginnen, werden Sie schnell herausfinden, ob Sie

sich doch Unterstützung wünschen. Entscheiden Sie sich für eine Agentur, achten Sie auf die Leistungen: Helfen die Mitarbeiter beispielsweise nur bei der Voraborganisation oder haben Sie auch im Ausland ein Kontaktbüro, über das Sie Hilfe bei der Jobsuche bekommen?

Nicht ohne zusätzlichen Krankenversicherungsschutz reisen

Wichtig ist für jeden (längeren) Auslandsaufenthalt: Achten Sie darauf, dass Sie ausreichenden Versicherungsschutz für das Ausland haben, vor allem für den Fall, dass Sie vor Ort erkranken. Denn mit der gesetzlichen Krankenversichertenkarte können Sie zum Beispiel in Australien oder Kanada nichts anfangen. Und auch für Europa reicht der Schutz womöglich nicht aus. Sie benötigen eine Auslandsreisekrankenversicherung, die im Notfall für Behandlungskosten aufkommt und wenn nötig auch den Rücktransport nach Deutschland übernimmt. Gerade für die bei Schulabgängern beliebten Reiseziele Australien oder USA ist der langfristige Schutz nicht ganz billig.

Planen Sie Ihren Auslandsaufenthalt mit Hilfe einer Vermittlungsagentur, kann es sein, dass man Ihnen gleich den passenden Versicherungsschutz mit anbietet. Das klingt bequem, aber achten Sie trotzdem auf die Leistungen. Vielleicht bekommen Sie gleich ein ganzes Versicherungspaket angeboten, in dem neben dem Extra-Krankenversicherungsschutz zum Beispiel Unfallschutz und eine Absicherung Ihres Gepäcks für den langen Aufenthalt mit eingeschlossen sind. Klären Sie vorab, ob Sie all das für Ihren Aufenthalt benötigen. Eventuell reichen auch schon Ihre bisherigen Versicherungen aus: Wenn Sie zum Beispiel sowieso eine private Unfallversicherung haben, können Sie auch während des Australienjahres über diesen Vertrag geschützt sein.

→ **TIPP**

Die Auslandsreisekrankenversicherung für so einen langen Auslandstrip ist nicht ganz billig – für einen sehr guten Vertrag für ein Jahr USA oder Australien können deutlich über 500 Euro Beitrag fällig werden. Der Preisvergleich lohnt sich hier auf jeden Fall. Die Stiftung Warentest hat in den vergangenen Jahren immer wieder einmal Tarife für lange Auslandsreisen untersucht. Die jeweils aktuellsten Untersuchungsergebnisse finden Sie unter test.de, Suchwort: Auslandsreisekrankenversicherung.

Nehmen Sie vor Abschluss eines Versicherungspakets lieber noch einmal die Hilfe der Verbraucherzentralen in Anspruch, die sowohl zum Thema Versicherungen als auch zur Schadensfällen beraten. So können Sie klären, welchen Schutz Sie schon haben und was eventuell fehlen könnte. Auch ein Blick auf die Website der Stiftung Warentest unter test.de kann bei der Auswahl der Versicherungsgesellschaft sinnvoll sein.

Anspruch auf Kindergeld kann verschwinden

Gerade bei einem längeren Auslandsaufenthalt dürfte es allerdings häufig schwierig werden, weiterhin Kindergeld zu bekommen. Bei volljährigen Kindern wird nur dann Kindergeld gezahlt, wenn sich die Kinder in der Ausbildung befinden. Dies ist grundsätzlich weder bei Au-Pair noch bei Work-and-Travel der Fall. Sollte aber während des Au-Pair-Jahres ein systematischer und fortlaufender Sprachunterricht von mindestens zehn Wochenstunden während des gesamten Aufenthaltes besucht werden, wird auch die Au-Pair-Zeit als Ausbildungszeit anerkannt. Der Unterricht muss aber bei einem Sprachinstitut stattfinden – Lernen in der Gastfamilie zählt nicht.

Auslandsaufenthalte, die von einer Ausbildungs- oder Prüfungsordnung zwingend vorausgesetzt werden oder der Vorbereitung auf einen für Studium oder Ausbildung erforderlichen Sprachentest dienen, können unabhängig vom Umfang des Unterrichts als Berufsausbildung zu qualifizieren sein.

Nebenjobs und Praktika: möglichst viel netto

Vor oder während der Ausbildungszeit ist das Budget oft knapp: Häufig geht es nicht ohne Nebenjob, um finanziell besser dazustehen. Optimal wäre es, wenn sich dabei auch noch praktische Erfahrungen für den Traumjob sammeln lassen.

Allein auf die Unterstützung der Eltern wird sich nach der Schule oder auch während Ausbildung oder Studium kaum jemand verlassen wollen oder können. Das eigene Geld und damit ein Stück Unabhängigkeit ist für viele ein Muss – oftmals muss ein Job her. Doch welche Art von Job ist die richtige? Und wie bleibt von dem verdienten Geld netto möglichst viel übrig?

So vielfältig die Möglichkeiten sind, eigenes Geld nebenbei zu verdienen: Sie sollten sich vorher gut überlegen, wo Sie arbeiten, wie lange Sie dort arbeiten und wie hoch der Verdienst sein sollte. Denn eins steht fest: Auch wenn ein hoher Bruttoverdienst noch so attraktiv erscheinen mag,

kann es beim Blick aufs Nettogehalt tatsächlich günstiger sein, weniger als mehr zu arbeiten oder nur für einen kürzeren Zeitraum. Jeder muss selbst entscheiden, ob sich der zusätzliche Aufwand je nach Einzelfall finanziell lohnt → Beispiel auf Seite 80.

Besonders attraktiv wäre es natürlich, wenn Sie eine Tätigkeit finden, mit der Sie nicht nur Geld verdienen, sondern auch die Weichen für Ihre berufliche Zukunft in Ihrem Traumjob stellen und dort die ersten entscheidenden Berufserfahrungen sammeln. Bezahlte Praktika oder Hiwi-Jobs an der Uni seien hier nur als Beispiel genannt, → Kapitel „Studium", Seite 49. Leider sind (gut) bezahlte Praktika eher die Ausnahme.

BEISPIEL

Sarah bekommt im Juni ihr Abiturzeugnis. Sie bewirbt sich für mehrere Studienplätze. In der Übergangszeit bis Semesterbeginn will sie erst einmal in einem kleinen Hotel in der Nachbarschaft arbeiten – Bruttoverdienst 900 Euro im Monat. Auch wenn sie noch nicht endgültig weiß, ob es mit einem Studienplatz klappt, lohnt es sich, wenn sie nur für maximal drei Monate ins Hotel geht. Dann kann sie die jeweils 900 Euro brutto wie netto einstreichen. Bei einem solchen Monatsverdienst werden keine Lohnsteuern fällig, und auch Sozialabgaben fallen für sie nicht an. Würde sie hingegen für vier Monate dort arbeiten, müsste sie hinnehmen, dass sie für ihren Verdienst jeden Monat etwa 180 Euro Sozialabgaben zahlen muss. Aus drei Monaten kommt sie also auf 2.700 Euro netto, aus vier Monaten Job wären es rund 2.880 Euro netto. Der vierte Arbeitsmonat würde ihr somit netto gerade noch ein Plus von 180 Euro bringen.

Entscheiden Sie bei einem Praktikum nicht in erster Linie nach dem möglichen Verdienst, sondern lieber danach, ob und was Ihnen die Zeit für Ihre spätere berufliche Laufbahn bringen kann. Die praktische Erfahrung dürfte in der Regel auf Dauer mehr wert sein als die mögliche Vergütung während der Praktikumsmonate. Die nächsten Semesterferien können Sie dann ja wieder vorwiegend zum Geldverdienen nutzen.

Die Abzüge im Griff

Leider ist es nicht ganz einfach, den Überblick zu behalten, für wen welcher Job welche Abzüge bedeutet und wie sich netto am meisten herausholen lässt. Auf den folgenden Seiten werden wir deshalb zunächst kurz die häufigsten Arten von Nebenjobs und Praktika kurz vorstellen, um dann je nach Lebenssituation vorzustellen, was zu beachten ist:

→ **Saisonale Tätigkeit:** Ist eine Tätigkeit von vornherein auf drei Monate oder 70 Arbeitstage im Jahr befristet, müssen häufig weder Sie noch Ihr Arbeitgeber Sozialabgaben leisten – ganz gleich, wie hoch der Verdienst ist. Deshalb ist so ein Job zum Beispiel für angehende Studierende wie Sarah besonders attraktiv, → Beispiel links). Wird diese Frist überschritten, sind aber für den kompletten Verdienst während der gesamten Zeit Sozialabgaben zu zahlen. Ein solcher Verdienst ist auch steuerpflichtig. Je nach Höhe kann es sein, dass der Arbeitgeber Lohnsteuer einbehält. Diese können Sie sich aber häufig über die Steuererklärung zurückholen.

VORSICHT

Von diesem Abgabenvorteil für Saison-jobs profitieren viele, aber leider nicht alle: Wer in absehbarer Zeit eine betriebliche Ausbildung oder einen Freiwilligendienst beginnt, muss – auch wenn die „Übergangstätigkeit" auf drei Monate begrenzt ist – für einen Ver-dienst von im Schnitt mehr als 450 Euro Sozialabgaben zahlen. Wer allerdings nach Beginn der betrieblichen oder schulischen Ausbildung nebenbei eine saisonale Beschäftigung annimmt – zum Beispiel für einige Wochen im Sommer am Badesee arbeitet – kann den Verdienst im Regelfall beitragsfrei erhalten.

→ **Minijob:** Wenn Sie auf Dauer im Schnitt nicht mehr als 450 Euro im Monat ver-dienen, können Sie den Verdienst brutto wie netto einstreichen. Denn bei einer solchen geringfügigen Beschäftigung übernimmt der Arbeitgeber die fälligen Sozialabgaben und überweist häufig auch pauschal zwei Prozent Lohnsteuer an die Minijobzentrale. Wer jobbt, ist zwar selbst verpflichtet, einen Teil zu den Beiträgen an die Rentenkasse dazuzuzahlen. Doch von dieser Pflicht können Sie sich befreien lassen. Wenn Sie das wollen,

teilen Sie das Ihrem Arbeitgeber einfach mit. Er wird diese Information dann an die Minijob-Zentrale weitergeben.

→ **Verdienst über 450 Euro:** Sie verdienen auf Dauer mehr als 450 Euro im Monat? Nun kommt es darauf an, welchen Status Sie gerade haben, ob Sie etwa studieren oder noch nicht an der Uni eingeschrie-ben sind. Wenn Sie eingeschrieben sind, können Sie von günstigen Zuverdienst-regeln als Werkstudentin oder Werkstu-dent profitieren. Dann müssen Sie keine Extrabeiträge zur Kranken-, Pflege- und Arbeitslosenversicherung für Ihren Ver-dienst zahlen, sondern nur Beiträge zur Rentenversicherung. Voraussetzung ist allerdings, dass Sie im Regelfall nicht mehr als 20 Stunden in der Woche neben-bei arbeiten.

Eine pauschale Versteuerung kommt bei einem dauerhaften Verdienst über 450 Euro allerdings nicht infrage. Je nach Höhe des Monatsbruttos muss der Arbeit-geber am Monatsende demnach eventu-ell Lohnsteuer von Ihrem Verdienst abzie-hen. Die dann gezahlte Lohnsteuer können Sie sich aber häufig über die Steuererklärung zurückholen.

→ **Selbstständige Nebentätigkeit:** Geld verdienen können Sie natürlich auch, wenn Sie nicht angestellt arbeiten, sondern selbstständig tätig sind, zum Beispiel als Nachhilfelehrer, freie Journalistin, als Programmierer oder aber mit einem kleinen Onlinehandel oder einem eigenen Verkaufsstand auf dem Wochenmarkt. Solange diese Nebentätigkeit geringfügig ist, Sie also auf höchstens 450 Euro im Monat kommen, müssen Sie dafür keine Extra-Sozialabgaben zahlen. Liegt Ihr monatlicher Gewinn darüber, können Beiträge an die Rentenkasse fällig werden, zum Beispiel, wenn Sie neben dem Studium als freiberufliche Lehrerin tätig sind. Krankenkassenbeiträge müssen Sie für den Zusatzverdienst aber nicht zahlen, wenn die Tätigkeit auf 20 Stunden in der Woche begrenzt ist.

Der Gewinn aus einer Selbstständigkeit ist zwar steuerpflichtig, das heißt aber wiederum nicht automatisch, dass Sie auch Steuern zahlen müssen. Denn für jeden Steuerpflichtigen gibt es einen steuerlichen Grundfreibetrag: Erst wenn Sie ein zu versteuerndes Einkommen von mehr als 9168 Euro im Jahr haben, müssen Sie tatsächlich Steuern zahlen. Dafür müssten Sie neben der Uni schon sehr viele Artikel schreiben oder Nachhilfestunden geben.

Wenn Sie Ihre selbstständige Tätigkeit aufnehmen, müssen Sie diese beim Finanzamt anmelden. Dort wird dann entschieden, ob Ihre Tätigkeit freiberuflich ist oder ein Gewerbe, mit dem einige zusätzliche Verpflichtungen verbunden sind.

→ **TIPP**
Sicherheitshalber sollten Sie sich mit Beginn der Selbstständigkeit bei Ihrer Krankenkasse erkundigen, wie es für Sie weitergeht. Zusätzliche Informationen können Sie auch über Berufsverbände oder die Industrie- und Handelskammer bekommen, wenn Sie dort Ihr Geschäft gemeldet haben.

Steuern, Sozialabgaben, Kindergeld

Diese erste Übersicht hat gezeigt, dass je nach Art des Jobs, Dauer und Verdienst enorme Unterschiede bei den Abzügen möglich sind. Wichtig: Steuern und Sozialabgaben fallen dabei nicht in einen Topf – gut möglich, dass ein Verdienst zwar steuerpflichtig ist, aber sozialabgabenfrei. Oder aber, dass Sie letztlich keine Steuern zahlen müssen, dafür aber Sozialabgaben. Die „Brutto-Netto"-Ergebnisse sind allerdings nur die eine Seite. Weitere Faktoren, die Sie vor Ihrer Entscheidung für einen Nebenjob je nach Lebenssituation berücksichtigen sollten:

→ Hat der Job Folgen für den Anspruch auf Kindergeld?
→ Hat der Verdienst Auswirkungen auf meinen BAföG-Anspruch oder auf einen Anspruch auf Berufsausbildungsbeihilfe (BAB)?

→ Ist trotz des Zusatzverdienstes die beitragsfreie Familienversicherung über die Krankenkasse der Eltern beziehungsweise in der günstigen studentischen Krankenversicherung weiterhin möglich?

All diese Fragen sollten Sie auch im Hinterkopf haben, wenn Sie sich um ein (bezahltes) Praktikum bemühen. Leider gilt hier ebenfalls: Die eine pauschale Antwort zu Steuern und Sozialabgaben gibt es nicht. Es ist zum Beispiel ein Unterschied, ob Sie ein freiwilliges Praktikum absolvieren oder ein in der Studienordnung vorgesehenes Praktikum, und auch, wann Sie es machen. Um all diesen Besonderheiten gerecht zu werden, stellen wir in den folgenden Abschnitten vor, was finanziell und rechtlich zu beachten ist:

→ bei Jobs und Praktika in der Übergangsphase zwischen Schulabschluss und Ausbildungs- oder Studienbeginn

→ bei Nebenjobs während der Ausbildung

→ bei Nebenjobs und Praktika während des Studiums.

Jobben und Praktika vor Beginn von Ausbildung und Studium

Suchen Sie nach der Schule oder auch schon davor eine dauerhafte Beschäftigung, die eventuell auch noch neben dem Studium weiterläuft, ist ein pauschal versteuerter Minijob eine gute Möglichkeit. Dann können Sie Ihren Monatsverdienst von bis zu 450 Euro brutto wie netto einstreichen. Sie haben keine Abzüge, da der Chef häufig nicht nur die Sozialabgaben, sondern auch pauschal Lohnsteuer überweist.

Wollen angehende Studierende hingegen nicht auf Dauer arbeiten, sondern vor allem die Ferien vor Studienbeginn nutzen, ist eine saisonale Beschäftigung attraktiv, wie das Beispiel von Sarah (→ Seite 80) gezeigt hat. Ist die Beschäftigung von vornherein auf drei Monate am Stück oder maximal 70 Arbeitstage pro Kalenderjahr begrenzt, können Sie so viel verdienen, wie Sie wollen und können, ohne dass Sie und Ihr Arbeitgeber Sozialabgaben leisten müssen. Angehende Azubis im Betrieb oder auch künftige Teilnehmende am Freiwilligendienst haben diesen Abgabenvorteil allerdings nicht → Seite 81.

Auf Dauer mehr als 450 Euro im Monat

Wenn Sie länger als drei Monate arbeiten und pro Monat im Durchschnitt mehr als 450 Euro verdienen, ist es grundsätzlich mit der Abgabenfreiheit vorbei – egal ob Sie in absehbarer Zeit ein Studium beginnen oder eine betriebliche Ausbildung. Andererseits sichern Sie sich mit Ihren Beitragszahlungen auch den Anspruch auf zusätzliche Leistungen:

Angenommen, Sie wollen oder müssen eine sehr lange Wartezeit bis zum Studien-

BEISPIEL

Nach dem Fachabitur weiß Konstantin nicht genau, wie es weitergehen soll. Für ein Jahr jobbt er erst einmal als Nachtportier und Aushilfe im technischen Dienst in einem Hotel. Dort verdient er 600 Euro im Monat. Für dieses Einkommen besteht Versicherungspflicht in allen Zweigen der Sozialversicherung. Konstantin hat aber den Vorteil, dass er als Arbeitnehmer bei diesem Einkommen nur reduzierte Beiträge zahlen muss, da er in der sogenannten Gleitzone verdient. Bis Ende Juni 2019 gilt die Gleitzone für einen Verdienst von mehr als 450, aber höchstens 850 Euro im Monat. Ab Juli 2019 wird die Gleitzone auf bis zu 1.300 Euro ausgedehnt. Trotz des Gleitzonen-Vorteils bleiben von seinen 600 Euro am Ende nur rund 505 Euro übrig.

beginn überbrücken und arbeiten zwölf Monate lang beitragspflichtig angestellt. Wenn es danach immer noch nicht richtig mit der Ausbildung oder dem Studium losgeht, haben Sie zumindest für ein halbes Jahr den Anspruch auf Arbeitslosengeld I. Denn eine Voraussetzung dafür ist, dass Sie in den vergangenen 24 Monaten mindestens zwölf Monate Beiträge an die Arbeitslosenversicherung geleistet haben.

Auch bei den Steuern müssen Nebenjobberinnen und Nebenjobber mit einem regelmäßigen Verdienst über 450 Euro eventuell mit Abzügen kalkulieren. Die pauschale Versteuerung kommt in diesem Fall nicht mehr infrage – der Arbeitgeber muss Ihren Lohn aus Job oder bezahltem Praktikum nach Ihren persönlichen Lohnsteuerkriterien versteuern. Entscheidend ist zum Beispiel, in welcher Steuerklasse Sie sind.

Die gute Nachricht: Lohnsteuer fließt tatsächlich erst ab einer bestimmten Höhe des Bruttoeinkommens – Konstantin im Beispiel links wird in Steuerklasse I von seinen 600 Euro brutto noch keine Lohnsteuer abgezogen. Bei einem höheren Verdienst kann es allerdings zu einer Situation wie im Beispiel rechts unten kommen.

Nicht alle Praktika werden gleich bewertet

Die Übergangsphase nach der Schule kann gerade für künftige Studierende auch eine willkommene Gelegenheit sein, erste praktische Erfahrungen im vermeintlichen Traumjob zu sammeln.

Absolvieren Sie ein freiwilliges Praktikum und erhalten Geld dafür, gilt für angehende Studierende das, was auch für Nebenjobs in der Übergangsphase gilt: Ist das Praktikum von vornherein auf drei Monate am Stück oder 70 Arbeitstage im Kalenderjahr begrenzt, fallen keine Sozialabgaben an. Für ein längeres Praktikum werden für einen monatlichen Verdienst über 450 Euro aber Sozialabgaben fällig.

→ **TIPP**

Sind Sie angestellt beschäftigt und wird Ihr Verdienst nicht pauschal versteuert, sondern nach Ihren persönlichen Steuermerkmalen, sind Sie als Single automatisch in Steuerklasse I. Nur wenn Sie heiraten oder alleinziehend sind, kommt ein Wechsel in eine andere Steuerklasse infrage. Egal wie Sie sich dann entscheiden: Sie müssen keine Angst haben, aufgrund einer falschen Steuerklasse auf Dauer zu viel Steuern zu zahlen. Wenn der Arbeitgeber je nach Steuerklasse die fällige Lohnsteuer für Sie ermittelt, ist das oft nur eine mehr oder weniger grobe Vorabrechnung. Endgültig steht Ihre Steuerbelastung erst nach der Steuererklärung fest. Diese lohnt sich für viele, denn oft bringt sie noch Geld vom Finanzamt zurück.

Sieht die Studienordnung hingegen ein Pflichtpraktikum vor und Sie absolvieren es, noch ehe Sie an der Hochschule eingeschrieben sind? Wenn Sie in diesem Praktikum gar kein Geld bekommen, können Sie in der beitragsfreien Familienversicherung bleiben. Verdienen Sie mit dem Praktikum Geld, werden Sie versicherungspflichtig in der Kran-

ken-, Pflege-, Arbeitslosen- und Rentenversicherung. Bei einem Monatsverdienst bis 325 Euro übernimmt der Arbeitgeber sämtliche Beitragszahlungen. Bei einem höheren Monatsbrutto teilen Sie sich mit dem Arbeitgeber die Beiträge zu den einzelnen Versicherungszweigen.

Kleiner Haken: Sie müssen Ihren vollen Beitragsanteil leisten und profitieren nicht von den reduzierten Beitragssätzen in der Gleitzone.

 BEISPIEL

Carola kümmert sich nach dem Abitur um die IT-Anlagen im Betrieb ihres Onkels. Sie verdient 1.400 Euro im Monat. Dafür überweist ihr Onkel jeden Monat rund 50 Euro Lohnsteuer an das Finanzamt. Die überwiesene Steuer muss aber nicht auf Dauer weg sein. Denn wenn Carola zum Beispiel nur ein halbes Jahr lang so arbeitet und in den anderen Monaten des Jahres kein Einkommen hat, kann sie sich die komplette vorab gezahlte Lohnsteuer über die Steuererklärung vom Finanzamt zurückholen. Denn liegt das zu versteuernde Einkommen bei maximal 9.168 Euro im Jahr (Stand 2019), fallen keinerlei Steuern an. Ohne Steuererklärung gibt es das Geld aber nicht zurück.

BEISPIEL

In Simons Studium ist ein Halbjahrespraktikum im sozialen Bereich vorgeschrieben. Da er zunächst keinen Studienplatz findet, nutzt er die Zeit bis zum nächsten Sommersemester. Er macht ein Praktikum und verdient dabei 500 Euro im Monat. Simon zahlt für den Verdienst von 500 Euro 9,3 Prozent seines Einkommens an die Rentenversicherung (47,25 Euro), 7,8 Prozent an die Krankenkasse (41 Euro), 1,525 Prozent an die Pflegeversicherung (10,25 Euro) und 1,25 Prozent (7,50 Euro) an die Arbeitslosenversicherung. Von den 500 Euro bleiben somit nur rund 400 Euro im Monat übrig.

Private Versicherungen laufen weiter

Für den privaten Versicherungsschutz macht die Art des Jobs oder Praktikums hingegen kaum einen Unterschied. Ein Problem könnte es eventuell bei der Haftpflichtversicherung geben, wenn die Phasen zwischen einzelnen Ausbildungsabschnitten zu lang werden. Klären Sie sicherheitshalber ab, wie der Versicherer Sie einordnet und ob Sie weiter über die Familienversicherung der Eltern geschützt bleiben können.

Aufpassen aufs Kindergeld in Übergangsphasen

Ganz gleich, wie viel Sie in der Übergangsphase im Nebenjob oder Praktikum verdienen: Solange Sie Ihre Ausbildung noch nicht abgeschlossen haben, können Ihre Eltern für Sie bis zu Ihrem 25. Lebensjahr Kindergeld beziehungsweise den Kinderfreibetrag in der Steuererklärung bekommen. Kritisch kann es allerdings werden, wenn zwischen zwei Ausbildungsabschnitten zu viel Zeit vergeht. Liegen mehr als vier Monate dazwischen, will die Familienkasse einen Beleg sehen, dass Sie sich um eine Ausbildung bemühen. Sie sollten dann zum Beispiel nachweisen können, dass Sie sich bereits zum Wintersemester um einen Platz beworben hatten. Den ablehnenden Bescheid sollten Sie dann der Familienkasse, die für das Kindergeld zuständig ist, vorlegen.

Wenn Sie zur Überbrückung einer Übergangsphase von mehr als vier Monaten ein Praktikum machen, ist für die Familienkasse entscheidend, dass Sie durch dieses Praktikum Kenntnisse, Fähigkeiten und Erfahrungen vermittelt bekommen, die als Grundlage für den angestrebten Beruf geeignet sind.

Nebenjob zur Ausbildung

Sie stecken bereits in der betrieblichen Ausbildung? Reicht Ihnen Ihr Verdienst nicht, dürfen Sie einen Nebenjob annehmen. Am günstigsten ist es, wenn Sie dann einen pauschal versteuerten Minijob annehmen – wenn Sie also höchstens 450 Euro im Monat nebenbei verdienen. Dann können Sie den Verdienst ohne Abzüge einstreichen. Weiterer Vorteil: Ihre Eltern verlieren nicht den Anspruch auf Kindergeld.

Eine Alternative zum Minijob könnte eine saisonale Beschäftigung sein – wenn Sie also beispielsweise nicht mehr als 70 Tage im Jahr etwa in der Gastronomie mitarbeiten. Dann fallen für den Nebenverdienst keine Sozialabgaben an. Aber Achtung: Einfach so mit dem Nebenjob starten funktioniert nicht. Sie müssen Ihren Ausbildungsbetrieb darüber informieren → Seite 37.

Wichtig ist außerdem, dass Sie die Arbeitszeiten im Blick behalten: Wenn Sie noch nicht volljährig sind, dürfen Sie grundsätzlich nicht mehr als 40 Stunden in der Woche arbeiten – verteilt auf fünf Tage die Woche. Sind Sie 18 oder älter, sind grundsätzlich bis zu 48 Arbeitsstunden in der Woche erlaubt.

Klären Sie zur Sicherheit genau vorab, was Sie dürfen und beachten müssen. Je nach Art des Nebenjobs, etwa in der Gastronomie, sind Ausnahmen bei den erlaubten Arbeitszeiten möglich. Informationen bekommen Sie zum Beispiel in der Personalstelle Ihres Arbeitgebers, beim Betriebsrat oder auch bei den Gewerkschaften.

Neben der Schule verdienen

Das Thema Nebenjobs dürfte eine noch größere Rolle spielen, wenn Sie eine schulische Ausbildung absolvieren – also mit Ihrer Ausbildung kein Geld verdienen, sondern eventuell für die Ausbildung auch noch zahlen müssen.

Auch in dem Fall ist zum Beispiel ein pauschal versteuerter Minijob eine Möglichkeit, um das eigene Konto aufzubessern. Wenn Sie regelmäßig arbeiten und mehr als 450 Euro verdienen wollen, klären Sie am besten mit Ihrer Krankenkasse, was das für Sie bedeutet, ob zum Beispiel noch eine beitragsfreie Familienversicherung über die Eltern infrage kommt.

→ **TIPP**

Schulgeld, das während der Ausbildung fällig wird, dürfen Sie übrigens in der Steuererklärung geltend machen. Derzeit gilt, dass Ausgaben für die erste Ausbildung bis zur Grenze von 6.000 Euro im Jahr als Sonderausgaben abzusetzen sind. Das Bundesverfassungsgericht muss allerdings noch entscheiden, ob es eventuell möglich ist, die Ausgaben unbegrenzt als Werbungskosten geltend zu machen. Günstiger wäre es für Sie → Seite 93.

Nebenjobs und Praktika im Studium

Sobald Sie an einer Hochschule eingeschrieben sind, gilt vieles von dem, was auch in der Übergangsphase gilt. Doch einige Besonderheiten für Nebenjobs und Praktika müssen Sie beachten:

→ **Besondere Krankenversicherung:** Viele Studierende sind beitragsfrei über die Krankenkasse ihrer Eltern familienversichert. Damit das so bleibt, darf Ihr gesamtes Einkommen nicht über 445 Euro im Monat liegen (Stand 2019). Für diesen Wert zählen zum Beispiel auch Kapital- oder Mieteinkünfte mit. Einzige Ausnahme: Sie haben einen Minijob mit einem Verdienst bis 450 Euro monatlich und kein weiteres Einkommen. Ein solcher Verdienst ist auch im Rahmen der beitragsfreien Familienversicherung erlaubt.

Halten Sie die Einkommensgrenze nicht ein, oder sind Sie zu alt für die Familienversicherung – sie endet im Regelfall im

Alter von 25 Jahren – kommt für Sie die studentische Krankenversicherung infrage. Dann müssen Sie zwar Beiträge zur Kranken- und Pflegeversicherung zahlen, aber die Belastung ist begrenzt, → ausführlich auf Seite 51.

→ **Arbeitszeit im Semester:** Wenn Sie studieren und während der Vorlesungszeit nebenbei arbeiten, sollten Sie darauf achten, dass es bei 20 Stunden in der Woche bleibt – das Studium muss weiter im Vordergrund stehen. In dem Fall können Sie von der „Werkstudentenregelung" profitieren. Das heißt, Sie müssen für Ihren Verdienst keine Beiträge zur Kranken-, Pflege- und Arbeitslosenversicherung leisten. Beiträge zur Rentenversicherung werden bei einem regelmäßigen Verdienst von mehr als 450 Euro fällig. Eventuell kann auch Lohnsteuer von Ihrem Monatsbrutto abgezogen werden, doch diese können Sie über die Steuererklärung zurückholen.

→ **Semesterferien:** Nutzen Sie die vorlesungsfreie Zeit zum Geldverdienen oder für ein bezahltes freiwilliges Praktikum, dürfen Sie auch mehr als 20 Stunden arbeiten und mehr als 450 Euro verdienen, ohne dass dafür Beiträge zur Kranken-, Pflege- und Arbeitslosenversicherung erhoben werden. Ist Ihre Tätigkeit

von vornherein auf drei Monate am Stück oder 70 Arbeitstage im Jahr begrenzt (saisonale Beschäftigung), fallen für Ihren Verdienst auch keine Beiträge zur gesetzlichen Rentenversicherung an.

 BEISPIEL

Psychologiestudentin Verena arbeitet in den Semesterferien nach ihrem ersten Jahr an der Uni im August und September 35 Stunden pro Woche in der Personalstelle einer Firma am Ort. Sie verdient 900 Euro brutto im Monat. Der Job ist von vornherein auf zwei Monate begrenzt und fällt in die Semesterferien. Trotz der 35-Stunden-Woche kann sie kostenfrei über die Krankenkasse ihrer Eltern versichert bleiben und muss keine weiteren Beiträge zur Pflege- und Arbeitslosenversicherung leisten. Auch in der Rentenversicherung fallen keine Beitragszahlungen an, da der Job auf zwei Monate befristet ist. Lohnsteuer wird bei einem Monatsverdienst in dieser Höhe nicht fällig.

→ **Regelmäßig bis 450 Euro im Monat:** Wenn Sie regelmäßig, also auch in der Vorlesungszeit bis zu 450 Euro im Monat verdienen, können Sie Abzüge komplett umgehen. Die 450 Euro sind ein Durchschnittswert. Hierzu zählen allerdings auch Zahlungen wie Weihnachts- und

Urlaubsgeld, aufs Jahr gesehen dürfen Sie nicht mehr als 5.400 Euro verdienen. Wer im Schnitt unter den 450 Euro monatlich bleibt, darf in drei Monaten im Jahr auch mehr verdienen – aber die Obergrenze von 5.400 Euro muss eingehalten werden.

Es ist möglich, einen 450-Euro-Minijob und ein Praktikum in den Semesterferien zu kombinieren, und trotzdem Abzüge komplett zu umgehen. Das klappt, wenn Sie in den Ferien die Dauer von maximal drei Monaten fürs Praktikum einhalten.

→ **TIPP**

Dauert ein freiwilliges Praktikum länger als drei Monate, unterliegt es dem Mindestlohngesetz. Beim Bundesarbeitsministerium kann man prüfen lassen, ob Mindestlohn gezahlt werden muss oder nicht: bmas.de/DE/Themen/ Arbeitsrecht/Mindestlohn/ mindestlohn-praktikum.html.

→ **Regelmäßig in der Gleitzone:** Liegt Ihr Einkommen regelmäßig über 450, aber bei höchstens 850 Euro (ab 1. Juli 2019 bei höchstens 1.300 Euro) im Monat, wird das Einkommen auf jeden Fall nicht mehr pauschal versteuert, sondern nach Ihren persönlichen Steuermerkmalen. Bleiben Sie während der Vorlesungszeit bei maximal 20 Arbeitsstunden pro Woche, zahlen

 BEISPIEL

Geografiestudent Mark hat einen Minijob in einem Café und verdient jeden Monat im Schnitt 300 Euro. Zusätzlich macht er im August/September noch ein freiwilliges Praktikum bei einem großen Reiseveranstalter. Dabei verdient er 500 Euro im Monat zusätzlich. Da Mark mit den regelmäßig verdienten 300 Euro monatlich unter der Geringfügigkeitsgrenze bleibt, kann er weiterhin über seine Eltern in der kostenlosen Familienversicherung bleiben. Sollte er dafür schon zu alt sein, zahlt er Beiträge zur studentischen Krankenversicherung, aber sonst keine Sozialversicherungsbeiträge. Das Praktikum im Sommer hat keinerlei Auswirkungen, denn es fällt in die Semesterferien. Damit fallen für den Praktikumsverdienst keine zusätzlichen Beiträge zur Kranken-, Pflege- und Arbeitslosenversicherung an. Auch für die Rentenkasse muss er nichts zahlen, da er mit seiner Praktikumsdauer von zwei Monaten im beitragsfreien Rahmen von höchstens drei Monaten bleibt.

Sie zwar nichts extra zur Kranken-, Pflege- und Arbeitslosenversicherung. Allerdings werden Beiträge zur Rentenversicherung fällig. Während der Arbeitgeber die Hälfte des üblichen Beitragssatzes zahlt, müssen

Sie als Arbeitnehmerin oder Arbeitnehmer nur einen reduzierten Beitrag leisten.

→ **Pflichtpraktikum:** Absolvieren Sie während der Vorlesungszeiten oder in den Semesterferien ein Praktikum, das in der Studienordnung vorgesehen ist? In dem Fall ist es kein Problem, wenn Sie eingeschrieben sind und studieren und während Ihres Pflichtpraktikums in der Vorlesungszeit zum Beispiel 40 Stunden in der Woche im Einsatz sind: Sie verlieren bei der Sozialversicherung Ihren günstigen Studierendenstatus nicht.

Mit dem Finanzamt rechnen

Für viele Studentenjobs fallen keinerlei Sozialabgaben an. Auch Steuern werden viele von Ihnen nicht zahlen müssen – weil das Unternehmen sie pauschal übernimmt, oder weil das Bruttoeinkommen so niedrig ist, dass dafür keine Lohnsteuer zu zahlen ist. Und wenn die Firma doch im Lauf des Jahres Lohnsteuer einbehalten hat – zum Beispiel in Monaten, in denen Sie neben Ihrem Lohn auch noch Urlaubsgeld erhalten haben – bleibt Ihnen die Chance, das Geld über die Steuererklärung zurückzuholen. Im Zuge der Steuererklärung kann sich zum Beispiel zeigen, dass Sie nur in einzelnen Monaten so viel verdient haben, dass Lohnsteuer abgezogen werden musste, in allen anderen aber deutlich weniger Geld hatten. Letztlich erzielen somit viele Studierende ein zu versteuerndes Jahreseinkommen deutlich unter 9.168 Euro. In dem Fall muss das Finanzamt vorab einbehaltene Lohnsteuer komplett zurückzahlen. Erst wenn Ihr Jahreseinkommen über 9.168 Euro liegt, müssen Sie tatsächlich Steuern zahlen.

 HINTERGRUND

Hatten Sie einen Job, der nicht pauschal versteuert wurde? Wenn Sie sich ausrechnen, was Sie brutto in einem Jahr verdient haben, sind Sie noch lange nicht beim zu versteuernden Einkommen: Erst mal zieht das Finanzamt von Ihrem Bruttolohn Werbungskosten ab – mindestens 1.000 Euro. Übrig bleiben Ihre steuerpflichtigen Einkünfte aus nicht selbstständiger Arbeit. Dann schaut es noch nach, ob Sie andere steuerpflichtige Einkünfte haben, etwa aus Geldanlagen. Ist das nicht der Fall, zieht es von Ihren Einkünften aus der angestellten Beschäftigung noch Sonderausgaben wie Versicherungsbeiträge und außergewöhnliche Belastungen ab. Dazu zählt zum Beispiel, wenn Sie nach einem Sportunfall selbst für Zahnersatz zahlen mussten oder Ausgaben für Medikamente hatten. Erst wenn alles abgezogen ist, steht das zu versteuernde Einkommen fest.

Ein großes Streitthema zwischen Studierenden und dem Finanzamt ist übrigens, ob Sie die Ausgaben, die Sie für Ihr Erststudium haben – etwa für Miete, Literatur, Fahrtkosten oder Kopien – unbegrenzt als Werbungskosten geltend machen können. Darüber muss allerdings noch das Bundesverfassungsgericht entscheiden (Az. 2 BvL 23/14 und 24/14). Früher war das mal erlaubt, aber das derzeitige Recht sieht nur vor, dass Sie Ihre Ausgaben fürs Erststudium, begrenzt auf bis zu 6.000 Euro im Jahr, als Sonderausgaben abrechnen dürfen.

Das klingt erstmal nicht viel schlechter – immerhin zählen bis zu 6.000 Euro im Jahr. Doch die aktuelle Regelung hat einen entscheidenden Nachteil: Erkennt das Finanzamt Ihre Ausgaben nicht als Werbungskosten, sondern als Sonderausgaben an, können Sie die Kosten nur in dem Jahr abziehen, in dem sie entstanden sind. Viele Studierende verdienen allerdings so wenig, dass ihnen der Abzug dann nichts bringt. Würde es hingegen die Ausgaben als Werbungskosten anerkennen, könnte Ihnen das in einigen Jahren noch etwas bringen. Am besten verfolgen Sie die Rechtsprechung zu diesem Thema in den Medien. Im Zweifel können Sie sich zum Beispiel bei einem Lohnsteuerhilfeverein, einer Steuerberaterin oder einem Steuerberater Unterstützung holen, wenn es darum geht, Ihre Studienkosten beim Finanzamt geltend zu machen. Bis zur Entscheidung des Bundesverfassungsgerichts geben Sie Ihre Ausgaben für das Erststudium in Ihrer Steuererklärung als Werbungskosten an. Das Finanzamt akzeptiert die Ausgaben zwar nur als Sonderausgaben, erteilt den Steuerbescheid aber bis zum Urteil des Verfassungsgerichts vorläufig. Haben Sie bisher Ihre Studienkosten noch nicht abgerechnet, können Sie das für die letzten Jahre noch nachholen – zum Beispiel bis einschließlich 2015, wenn Sie die Erklärung bis zum 31. Dezember 2019 einreichen.

Kindergeld und BAföG

Ganz gleich, wie viel Sie neben dem Studium oder in den Semesterferien verdienen: Solange Sie noch keine 25 Jahre alt sind, müssen Sie und Ihre Eltern nicht fürchten, den Anspruch auf Kindergeld aufgrund der Höhe des Nebenverdienstes zu verlieren. Bis vor einigen Jahren hat die Familienkasse zwar noch genau hingeschaut und Kindergeld gestrichen, wenn das Einkommen zu hoch war. Doch diese Obergrenze gibt es nicht mehr.

Anders ist es, wenn Sie BAföG beziehen: Dann kann ein zu hoher Verdienst doch Folgen haben: Sie dürfen im Schnitt nicht mehr als 450 Euro nebenbei verdienen. Ein höheres Einkommen wird auf Ihren Leistungsanspruch angerechnet.

Neues Zuhause:
raus aus dem Kinderzimmer

Die Meldungen über ständig steigende Mieten und zu wenig bezahlbare Wohnungen gerade in den Großstädten kehren immer wieder. Das ist gerade für junge Studierende und Auszubildende eine besondere Herausforderung. Die nächsten Hürden können im Mietvertrag lauern.

WG-Zimmer oder eigene Wohnung? Studierendenwohnheim oder doch zu Hause bleiben? Die Wohnungsfrage ist zu Ausbildungs- oder Studienbeginn häufig nicht leicht zu beantworten. Denn ob München, Stuttgart, Heidelberg oder Berlin – gerade in vielen Hochschulstädten ist der Wohnungsmarkt angespannt, sind bezahlbare Unterkünfte schwer zu bekommen. Dort ist die entscheidende Frage häufig nicht: „Wie will ich wohnen?" sondern eher „Was bekomme ich überhaupt, und kann ich mir das leisten?"

Nicht selten bleibt Studierenden oder Auszubildenden zu Beginn nur, täglich von außerhalb zur Uni oder zum Ausbildungsbetrieb zu pendeln oder sich beispielsweise vorübergehend in einem Hostel einzuquartieren – um dann vor Ort weiter zu suchen. Ein optimaler Start in die neue Freiheit ist das im Normalfall nicht. Vielleicht finden Sie aber übergangsweise zumindest eine Wohnung oder ein Zimmer zur Zwischenmiete. Dann haben Sie erst einmal Ruhe und können in den nächsten Wochen weitersuchen.

→ **TIPP**

Nutzen Sie alle Möglichkeiten und Kontakte, die Sie haben – sei es Ihr eigenes Netzwerk oder auch das der Eltern. Durchforsten Sie die Online-Wohnungsportale. Wenn Sie eine Ausbildung beginnen, sprechen Sie auch Ihren Betrieb an und fragen Sie nach Hilfe bei der Wohnungssuche. Wer studiert, sollte sich in jedem Fall an das Studierendenwerk vor Ort wenden: Hier können Sie sich nicht nur um einen Wohnheimplatz bewerben, sondern häufig übergangsweise auch andere Angebote nutzen und Aushänge finden.

Mit diesen Ausgaben müssen Sie rechnen

Vergleichsweise günstig dürften Sie wohnen, wenn es Ihnen gelingt, zum Beispiel ein Zimmer oder ein Apartment in einem Schwestern- oder Studierendenwohnheim zu ergattern. Je nach Größe und Ausstattung der Wohnung und je nach Wohnform müssen Sie hier häufig mit Ausgaben zwischen 200 und 300 Euro im Monat rechnen. Je nach Anlage und Einrichtung bieten etwa die Wohnanlagen der Studierendenwerke unterschiedliche Formen von Unterkünften: zum Beispiel Einzelzimmer mit Gemeinschaftsküche, abgeschlossene Apartments mit Dusche und kleiner Küche oder auch Wohngemeinschaften. Zusätzlich gibt es in vielen Anlagen

Begehrte Wohnheimplätze

„Wer weiß, in welche Stadt er am liebsten möchte, sollte sich möglichst früh um einen Platz im Studentenwohnheim bewerben", rät **Dr. Petra Nau, Leiterin des Referats Wohnen beim Deutschen Studentenwerk.** „Die Bewerbungen sind online möglich. Je nach Studienort kann es allerdings sein, dass die Bewerbung erst nach Erhalt der Zulassung zum Studium möglich ist. In anderen Städten können hingegen Zulassung oder später die Studienbescheinigung nachgereicht werden. Am besten ist, sich frühzeitig über die Bedingungen zu informieren."

Gemeinschaftsräume sowie Wasch- und Trockenräume.

So schön diese Angebote klingen: Je nach Stadt sind die Wartelisten lang. Bekommen Sie keinen Wohnheimplatz, bleibt nur der freie Wohnungsmarkt. Planen Sie ein, dass Sie nicht gleich Ihre Traumwohnung oder das Traumzimmer finden, sondern eventuell in einigen Wochen oder Monaten erneut auf die Suche gehen werden.

Wenn Sie tatsächlich die Wahl zwischen mehreren Unterkünften haben, achten Sie bei Ihrer Entscheidung unter anderem auf den Preis: Was kostet die Wohnung kalt und welche Ausgaben kommen noch dazu? → Checkliste auf Seite 98.

Chance auf Vergünstigungen

Wenn es um die Suche und die Finanzierung Ihrer Unterkunft geht, können Sie unter bestimmten Voraussetzungen Unterstützung bekommen. Eine Hilfe kann der sogenannte Wohnberechtigungsschein sein: In diversen Wohnungsanzeigen oder Annoncen im Internet finden Sie die Ergänzung „nur mit WBS" oder „nur mit Wohnberechtigungsschein". Die angepriesenen Wohnungen können dann nur Personen mieten, die beim Wohnungsamt ihrer Stadt oder Gemeinde nachgewiesen haben, dass sie ein geringes Einkommen haben und deshalb eine aus öffentlichen Mitteln geförderte Wohnung, eine sogenannte Sozialwohnung, beziehen dürfen.

Den WBS beantragen Sie beim Wohnungsamt Ihrer Stadt oder Gemeinde. Als Ergänzung zum Antrag müssen Sie meist Ihren Steuerbescheid aus dem vergangenen Jahr oder andere Belege über Ihr Einkommen einreichen. Eine Garantie, tatsächlich eine günstige Sozialwohnung zu bekommen, haben Sie damit allerdings nicht.

Weisen Sie bei der Stadt oder Gemeinde ein niedriges Einkommen nach, ist eine weitere Förderung möglich: Sie können Wohngeld als Zuschuss zur Mietwohnung bekommen. Allerdings gibt es einige Hürden für diesen Zuschuss, der je nach Einkommen und Mietpreis für eine angemessene Wohnung bei einigen Hundert Euro liegen kann. Wenn Sie zum Beispiel BAföG oder Berufsausbildungsbeihilfe bekommen, können Sie sich den Wohngeldantrag in der Regel sparen. Bekommen Sie kein BAföG, weil Ihr Einkommen oder das Ihrer Eltern zu hoch ist, gehen Sie beim Wohngeld ebenfalls leer aus. Wenn Sie allerdings kein BAföG bekommen, weil Sie zum Beispiel für die Förderung schon zu alt sind und keinen Anspruch mehr auf die Ausbildungsförderung haben, kann es sein, dass ihr Antrag erfolgreich ist.

Wohnen gegen Hilfe

Wenn Sie bereit sind, nicht nur mit jüngeren Menschen zusammenzuleben, sondern beispielsweise mit Senioren, Familien oder Menschen mit Behinderung, kann es sich lohnen, nach Mietangeboten zum Mitwohnen zu suchen. Erklären Sie sich zum Beispiel bereit, im Gegenzug für einen Mietanteil bei der Hausarbeit, beim Einkaufen oder bei der Nachhilfe für die Kinder zu unterstützen, klappt es vielleicht leichter mit einer günstigen Unterkunft. Ein konkretes Projekt, das Wohnungsanbietende und Wohnungssuchende in verschiedenen Hochschulstädten zusammengebracht hat, ist „Wohnen für Hilfe". Genauere Informationen darüber finden Sie über die Internetseite der Uni Köln: hf.uni-koeln.de/33114.

CHECKLISTE

Mit diesen Ausgaben müssen Sie rechnen

Im Schnitt geben Studenten 323 Euro fürs Wohnen aus. Das galt zumindest 2016 bei der 21. Sozialerhebung des Deutschen Studentenwerks. Da die Mieten in den letzten Jahren weiter gestiegen sind, ist es gut möglich, dass Auszubildende und Studierende mittlerweile mehr Geld auf den Tisch legen müssen:

→ **Kaltmiete:** Wie viel Miete für eine Wohnung oder ein WG-Zimmer fällig wird, hängt unter anderem von der Lage, der Größe, der Ausstattung und von der Anbindung an den öffentlichen Nahverkehr ab. Mithilfe des sogenannten Mietspiegels, den die Städte oder auch die größeren Gemeinden aufstellen, können Sie herausfinden, wie hoch die Mieten an Ihrem künftigen Wohnort in etwa sind.

→ **Heizung und weitere Betriebskosten:** Das Öl oder Gas, das Sie zum Heizen verbrauchen, kostet extra Geld. Zusätzlich kommen weitere Ausgaben auf Sie zu, die der Vermieter Ihnen in Rechnung stellen kann, zum Beispiel Ausgaben für Wasser und Abwasserbeseitigung, Müllabfuhr und Straßenreinigung. Aus dem Ende 2018 vom Deutschen Mieterbund vorgelegten Betriebskostenspiegel geht hervor, dass die Wohnungsmieten in Deutschland im Schnitt jeden Monat 2,19 Euro pro Quadratmeter für Betriebskosten enthalten. Bei einem 30-Quadratme-

ter-Apartment wären das also knapp 66 Euro im Monat.

→ **Andere regelmäßige Ausgaben:** Rechnen Sie damit, dass für Strom, Telefon und Internet sowie Versicherungen regelmäßige Posten auf Sie zukommen. Auch der Rundfunkbeitrag für Fernsehen und Radio wird fällig, es sei denn, Sie beziehen zum Beispiel BAföG oder Berufsausbildungsbeihilfe. Dann ist eine Befreiung vom Rundfunkbeitrag möglich.

→ **Kaution:** Der Vermieter verlangt eine Kaution, die häufig bei zwei oder – laut Gesetz höchstens – drei Monatskaltmieten liegen wird. Das Geld dient ihm als Sicherheit, zum Beispiel, wenn Sie in der Wohnung einen Schaden anrichten und nicht dafür aufkommen. Das eingezahlte Geld muss der Vermieter für Sie für die Dauer der Mietzeit anlegen. Wenn Sie ausziehen, bekommen Sie es zurück, vorausgesetzt, der Vermieter hat keine Ansprüche mehr gegen Sie. Ist das klar, muss der Vermieter die Kaution sofort zurückzahlen. Wenn nicht, hat der Vermieter noch eine sogenannte Prüffrist, in der Regel drei Monate. In schwierigen und strittigen Fällen auch länger. Steht die Betriebskostenabrechnung noch aus und rechnet der Vermieter mit Nachforderungen, kann er bis zur endgültigen Abrechnung einen Teilbetrag der Kaution zurückhalten.

→ **Maklerprovision:** Noch teurer wird die Wohnungssuche, wenn Sie nicht selbst suchen, sondern die Hilfe eines Immobilienmaklers in Anspruch nehmen.

→ **Renovierung:** Womöglich ist die neue Wohnung nicht so, wie Sie sie wollen: Es fehlt ein Teppich oder Laminat, die Wände sind zwar in strahlendem Weiß, aber Sie wünschen sich Farbe.

→ **Einrichtung:** Einer der möglichen Hauptposten hier ist die Küche. Wenn es gut läuft, sind Küche und Küchengeräte vorhanden, oder Sie können Sie günstig vom Vormieter übernehmen. Und wie steht es mit Geschirr, Töpfen und anderen Einrichtungsgegenständen? Beziehen Sie ein WG-Zimmer, wird vielleicht auch noch der eine oder andere Beitrag für die Gemeinschaftsräume erwartet, zum Beispiel eine neue Kaffeemaschine oder ein Regal fürs Wohnzimmer, wenn Ihr Vormieter das mitgenommen hat. Dazu kommen die Möbel für Ihr eigenes Zimmer. Entscheiden Sie sich für eine möblierte Unterkunft, müssen Sie zwar weniger einkaufen, doch dafür zahlen Sie meist etwas mehr Miete.

Die Besichtigung – das große Casting

Sie haben eine Wohnung gefunden, die – mit oder ohne finanzielle Unterstützung der Eltern oder vom Staat – zu Ihrem Budget passen würde?

Wenn es darum geht, einen Vermieter von sich zu überzeugen, haben Sie eventuell als Auszubildende oder Studierende nicht die besten Karten. Können Sie sich die Wohnung überhaupt leisten? Werden Sie regelmäßig mit Freunden feiern? Besteht die Gefahr, dass die Wohnung durch Sie im Chaos versinkt?

Um dem Vermieter die grundsätzliche Skepsis so weit wie möglich zu nehmen, hilft es häufig, wenn Sie einen offenen und sympathischen Eindruck hinterlassen. Dazu gehören auch ordentliche Kleidung und die Bereitschaft, auf bestimmte Fragen des Vermieters Auskunft zu geben. Je nach Vermieter kann es zudem helfen, wenn ein Elternteil mit dabei ist oder wenn Sie ein Schreiben (Bürg-

**Einkommen ja –
Familienplanung nein**

„Alle Vermieterfragen
müssen Sie bei der
Wohnungsbesichtigung
nicht beantworten", sagt **Ulrich Ropertz,
Geschäftsführer des Deutschen Mieter-
bundes.** „Fragt er zum Beispiel nach Ihren
Freunden, nach Ihrem Musikgeschmack
oder ob Sie einen Partner haben und
Kinder geplant sind, dürfen Sie falsche
Angaben machen. Fragt er hingegen nach
Ihrem Einkommen und Ihrem Beruf oder
Ihrer Ausbildung, müssen Sie wahrheits-
gemäße Angaben machen, damit der
Vermieter abschätzen kann, ob er von
Ihnen die zu zahlende Miete auch
bekommt."

schaft) vorlegen können, dass Ihre Eltern einspringen, wenn es finanziell eng wird.

Umgekehrt gilt natürlich auch, dass Sie
sich ein genaues Bild von der Wohnung
machen sollten. Neben der Größe und dem
Zuschnitt sind einige Punkte interessant, die
hinterher bares Geld wert sein können – zum
Beispiel, weil Sie sich hohe Nebenkosten sparen: Achten Sie bei Ihrer Besichtigung stets
darauf, dass Sie keine Wohnung mieten, die
elektrisch beheizt wird (etwa mit Nachtstrom-
speicherheizungen). Wenn Sie über Strom

heizen, ist das teurer und auch schädlicher
für die Umwelt. Lassen Sie sich den Energie-
ausweis zeigen. Das ist quasi der Steckbrief
für das Gebäude. Damit sollen diejenigen, die
mieten oder auch kaufen wollen, über die
Höhe der zu erwartenden Energiekosten
informiert werden.

Mit höheren Heizkosten müssen Sie auch
rechnen, wenn Ihre Wohnung im Erdge-
schoss oder in der obersten Etage liegt. Wegen
der vielen Außenflächen kühlt sie schneller
aus. Sie brauchen viel Heizenergie, um es
warm zu haben. Außerdem lohnt sich ein
Blick auf die Fenster: Nicht nur wegen der
Geräusche von draußen, sondern auch im
Hinblick auf die Energiekosten sollten die
Fenster zumindest Isolierverglasung – das
heißt zwei Scheiben – haben. Noch besser ist
Wärmeschutzverglasung. Und: Elektrische
Warmwasserbereiter („Wasserboiler") in
Küche und Bad sind Kostenfresser. Günstiger
ist es, wenn das heiße Wasser über die Hei-
zungsanlage erwärmt wird.

Ein weiterer Punkt, den Sie im Blick haben
sollten: Gibt es in der Wohnung Schimmel?
Gerade im Bad als feuchtem (vielleicht fens-
terlosem) Raum oder auch in wenig beheiz-
ten Zimmern kann sich der Pilz gut ausbrei-
ten. Wenn Sie auf den ersten Blick nichts
sehen, fragen Sie auch mal beim Vermieter
oder den Mitbewohnerinnen und Mitbewohnern nach, ob es bereits Probleme mit Schimmel gegeben hat.

→ TIPP

Achten Sie bei Ihrer Wohnungssuche außerdem auf die Lage: Wie steht es etwa mit der Erreichbarkeit von Ausbildungsbetrieb und Uni? Wie weit ist der nächste Supermarkt und gibt es einen Stellplatz für Ihr Auto? Wenn Sie einen Überblick haben, müssen Sie sich womöglich entscheiden, was Ihnen wichtiger ist – 30 Euro gesparte Miete oder eine gute Verbindung zur Arbeit.

Passe ich dorthin?

Ziehen Sie nicht allein in eine Wohnung, sondern mieten Sie ein WG-Zimmer, sollten Sie zusätzlich die persönlichen Aspekte berücksichtigen: Passen Sie in die Gemeinschaft? Versuchen Sie vor Ihrer Entscheidung für sich so viele Fragen wie möglich zu klären, etwa:

→ Können Sie sich wirklich vorstellen, mit den Menschen in Ihrer WG auf Dauer klarzukommen?

→ Passen Sie zusammen, zum Beispiel in Sachen Sauberkeit und Ordnungssinn oder haben Sie gleich nach dem ersten WG-Besuch Sorge, dass es hier Streit geben könnte?

→ Sind Sie sich einig, wie das WG-Leben aussehen soll – zum Beispiel, wie viel gemeinsame Koch- oder Filmabende es geben soll?

Der Mietvertrag und seine Tücken

Haben Sie sich mit dem Vermieter geeinigt und bietet er Ihnen seine Wohnung oder ein WG-Zimmer an, schließen Sie in aller Regel einen schriftlichen Mietvertrag ab. Häufig greifen die Vermieter auf vorformulierte Standardverträge zurück, in denen Sie bestimmte, im Einzelfall geltende Regelungen separat eintragen können. Aus dem Vertrag gehen unter anderem diese Punkte hervor:

→ **Die Vertragspartner:** Wer ist Vermieter und wer Mieter? Ziehen Sie alleine in die Wohnung, sind die entsprechenden Zeilen im Vertrag leicht auszufüllen: Als Mieter sind Sie Vertragspartner und haften damit auch für sämtliche Zahlungen, die notwendig sind. Was zu beachten ist, wenn mehrere Personen einziehen, lesen Sie unter „Sonderfall WG" → Seite 104.

→ **Mietobjekt:** Welche Räume können insgesamt genutzt werden? Neben dem Ein-Zimmer-Apartment kann zum Beispiel ein Kellerraum oder der gemeinsame Waschkeller zum Mietobjekt gehören.

→ **Miethöhe:** Wie viel müssen Sie jeden Monat für die Wohnung bezahlen – kalt und mit Nebenkosten? Möglich ist, dass in dem Vertrag gleich mit angegeben wird, wie sich die Miete in der nächsten Zeit entwickeln wird: zum Beispiel, dass sie jeweils zum 1. Januar um 20 Euro im Monat steigt (Staffelmiete). Lassen Sie sich dann nicht von einer niedrigen Anfangsmiete blenden, sondern achten Sie auch auf das, was in Zukunft auf Sie zukommt. Auch wenn eine Indexmiete vereinbart wurde, sind regelmäßige Mietpreissteigerungen programmiert. Sie orientieren sich dann praktisch an der Inflationsrate.

Im Übrigen darf der Vermieter die Miete im laufenden Mietverhältnis erhöhen, wenn er Modernisierungen am Haus oder in der Wohnung vorgenommen hat. Dann kann er acht Prozent der Modernisierungskosten auf die Jahresmiete aufschlagen. Insgesamt darf die Miete aufgrund von Modernisierungen höchstens um drei Euro pro Quadratmeter und Monat in sechs Jahren steigen. Liegt die bisherige Miete unter sieben Euro pro Quadratmeter dürfen Mieterhöhungen wegen Modernisierungen höchstens zwei Euro innerhalb von sechs Jahren betragen.

Außerdem kann der Vermieter die Miete immer auf die sogenannte ortsübliche Vergleichsmiete erhöhen, wenn nicht ein Staffel- oder Index-Mietvertrag vereinbart ist. Dabei muss er sich zur Begründung auf einen Mietspiegel berufen oder ein Sachverständigengutachten oder mindestens drei Vergleichswohnungen.

Nicht jede Mieterhöhung ist erlaubt

„Will der Vermieter die Miete auf die ortsübliche Vergleichsmiete anheben? Das darf er nicht unbedingt auf einen Schlag", erklärt **Ulrich Ropertz, Geschäftsführer des Deutschen Mieterbundes.** „Die Miete darf in drei Jahren höchstens um 20 Prozent steigen – in vielen Städten mit Wohnungsknappheit auch nur um 15 Prozent. Außerdem gilt: Nach Einzug in die neue Wohnung oder seit der letzten Mieterhöhung auf die ortsübliche Vergleichsmiete müssen mindestens zwölf Monate vergangen sein."

→ **TIPP**

Sie sind sich nicht sicher, ob die Erhöhung rechtens ist? Holen Sie sich Rat, zum Beispiel in einem Mieterverein vor Ort. Sie haben nach dem Monat, in dem Sie das Mieterhöhungsschreiben des Vermieters erhalten haben, noch zwei Monate Zeit, um die Forderung zu prüfen oder prüfen zu lassen, und dann, wenn alles in Ordnung ist, zuzustimmen.

→ **Mietdauer:** Wie lange gilt dieser Mietvertrag? Befristete Mietverträge sind nur erlaubt, wenn der Vermieter dafür berechtigte Gründe angibt – zum Beispiel, dass er nach Ablauf der drei im Vertrag genannten Jahre aus dem Ausland zurückkehrt und dann selbst in die Wohnung einziehen will. Möglich ist auch, dass der Vermieter einen Kündigungsausschluss für eine bestimmte Zeit vereinbart. Dann dürfen Sie nicht vor Ablauf des eingetragenen Datums aus dem Vertrag aussteigen.

Wollen Sie vorher raus, sprechen Sie mit dem Vermieter. Allerdings muss er Sie nicht vorzeitig aus dem Vertrag lassen. Vielleicht lässt er sich dazu überreden. Wenn nicht, holen Sie sich zumindest die Erlaubnis des Vermieters, dass Sie einen Untermieter einziehen lassen dürfen. Die Möglichkeit, Ihre Wohnung zumindest teilweise unterzuvermieten, kann er Ihnen nur in bestimmten Situationen verweigern, zum Beispiel wenn durch die Untervermietung das Einzimmerapartment mit vier Personen hoffnungslos überbelegt wäre, wenn der Untermieter durch Pöbeleien im Haus aufgefallen ist oder anderweitig zu befürchten ist, dass der Hausfrieden durch diese Person gestört wird.

Um mögliche Auseinandersetzungen um einen vorzeitigen Auszug zu vermeiden, versuchen Sie einen Mietvertrag ohne Kündigungsausschluss abzuschließen.

→ **Haustiere:** Ist das Halten von Hunden und Katzen untersagt oder ausdrücklich erlaubt? Kleintiere wie Hamster oder Meerschweinchen dürfen Sie als Mieter immer halten. Der Vermieter darf also Tierhaltung über den Mietvertag nicht generell verbieten. Wird im Mietvertrag die Tierhaltung ausdrücklich erlaubt, dürfen Sie sich zum Beispiel einen Hund oder eine Katze anschaffen.

Steht im Mietvertrag nichts zu Haustieren oder macht der Vermieter die Erlaubnis zur Haltung von Hund und Katze von seiner Zustimmung abhängig, muss seine Erlaubnis eingeholt werden. Das muss immer eine Einzelfallentscheidung sein, bei der die Interessen des Mieters berücksichtigt werden.

Auch wenn Hund und Katze erlaubt sind, müssen Sie darauf achten, dass die anderen Hausbewohner nicht belästigt werden. Ist das Tier zu laut oder macht es im Treppenhaus sein Geschäft, kann der Vermieter Sie abmahnen oder in extremen Fällen auch verlangen, dass Sie das Tier abschaffen.

→ **Pflichten im Haus:** Müssen Sie zum Beispiel Flur und Treppenhaus putzen? Im Vertrag ist festgelegt, ob und wenn ja, welche Aufgaben auf Sie zukommen. Vielleicht steht im Mietvertrag aber auch, dass der Vermieter sich um die Treppenhausreinigung kümmert. Dann darf er mit Ihnen vereinbaren, dass er Ihnen die anteiligen

Kosten für die Reinigung mit den Betriebskosten in Rechnung stellt.

Es kann auch sein, dass Sie bei Schneefall den Winterdienst mit übernehmen müssen. Eine solche Pflicht muss aber ausdrücklich im Mietvertrag vermerkt sein.

→ **TIPP**

Wenn Sie eine Wohnung angemietet haben, gelten Ihre Pflichten auch weiter, wenn Sie zum Beispiel über Ostern eine Woche bei den Eltern sind oder für drei Monate mit dem Rucksack nach Indien reisen. Auch wenn Sie nicht da sind, stellen Sie sicher, dass die Miete weiter regelmäßig gezahlt wird. Sind Sie verpflichtet, regelmäßig das Treppenhaus zu wischen, sprechen Sie zum Beispiel mit Ihren Nachbarn und tauschen Sie die Dienste. Dem Vermieter müssen Sie während Ihrer Abwesenheit keinen Schlüssel für Ihre Wohnung geben. Doch Sie müssen ihm zumindest Bescheid geben, wie er in die Wohnung kommen kann, wenn zum Beispiel in der WG über Ihnen die Waschmaschine ausläuft und der Vermieter wissen will, ob das Wasser auch in Ihrer Wohnung Spuren hinterlassen hat. Deshalb teilen Sie ihm oder der Hausverwaltung mit, bei welcher Freundin oder welchem Bekannten Sie einen Zweitschlüssel hinterlegt haben und wie diese Person zu erreichen ist.

→ **Schönheitsreparaturen:** Wann müssen Sie in Ihrer Wohnung zum Pinsel greifen? Vertraglich wird meistens geregelt, ob und in welchen Abständen Sie beispielsweise Küche, Bad und andere Räume renovieren müssen. Stehen im Vertrag allerdings starre Fristen, zum Beispiel dass nach drei Jahren auf jeden Fall die Renovierung der Küche ansteht, ist eine solche Klausel ungültig. Ungültig sind auch Vertragsklauseln, die Sie verpflichten, zu Beginn des Mietverhältnisses zu renovieren, oder wonach Sie immer beim Auszug Schönheitsreparaturen durchführen müssen. Und: Wer in eine unrenovierte Wohnung zieht, muss während seiner Mietzeit oder beim Auszug nie renovieren.

Sonderfall Wohngemeinschaft

Beziehen Sie die neue Wohnung nicht allein, sondern tun Sie sich zu einer Wohngemeinschaft zusammen, gilt vieles von dem, was für Einzelmieter gilt, auch. Zum Beispiel müssen je nach Vertrag Dienste im Haus übernommen werden, und bei Feiern sollten Sie die Lautstärke ab 22 Uhr herunterfahren. Aber eine Besonderheit bleibt: Bevor eine WG einzieht, ist zu klären, wer eigentlich der im Vertrag festgelegte Mieter der Wohnung ist. Gibt es einen Hauptmieter, der allein gegenüber dem Vermieter verantwortlich ist? Oder werden alle WG-Bewohner als Mieter in den Vertrag aufgenommen?

CHECKLISTE

Erlaubt oder nicht erlaubt?

Trotz Mietvertrag gibt es Situationen, in denen die Wünsche und Ansichten von Mieter und Vermieter auseinandergehen. Was ist erlaubt und was nicht? Sie ...

→ **... möchten Ihre Wände lila streichen.** Der Vermieter darf das nicht verbieten, doch wenn der Mieter auszieht, muss er die Wände so hinterlassen, dass die Farben eine erneute Vermietung nicht verhindern. Der Vermieter darf Sie also dazu auffordern, bei Auszug die bunten Wände zu überstreichen.

→ **... haben für vier Wochen Ihre Freundin aus dem Work-and-Travel-Jahr in Australien zu Gast.** Ein solcher Besuch ist problemlos möglich. Besuch darf in der Mietwohnung übernachten und sich auch über längere Zeit dort aufhalten. Nach etwa sechs Wochen darf der Vermieter aber doch fragen, wie der Gast einzuordnen ist – ob der Besuch nicht tatsächlich ein fester Mitbewohner oder Untermieter ist. Hiervon müsste der Vermieter unterrichtet werden und er müsste zustimmen. Außerdem könnte der „Dauerbesucher" dann womöglich in die Abrechnung der Betriebskosten miteinbezogen werden.

→ **... laden im Sommer regelmäßig Freunde auf den Balkon ein.** Dagegen spricht nichts – vorausgesetzt, die Interessen der Nachbarn werden nicht gestört. Dazu gehört, dass ab 22 Uhr die Lautstärke zurückgefahren wird, es gilt Nachtruhe, also Zimmerlautstärke.

→ **... grillen im Sommer mehrmals auf dem Balkon.** Grillen auf dem Balkon ist nur erlaubt, solange kein Qualm in Nachbarwohnungen zieht. Steht im Mietvertrag, dass Grillen auf dem Balkon untersagt ist, ist das Grillverbot wirksam.

→ **... schaffen sich eine Ratte an.** Der Vermieter darf Tierhaltung nicht grundsätzlich verbieten. Kleintiere wie Hamster und Meerschweinchen dürfen Sie halten. Tiere, die wie etwa eine Ratte bei anderen Mietern Ekel auslösen können, kann der Vermieter allerdings verbieten. Das Halten exotischer Tiere, auf die andere Menschen allgemein mit Abscheu, Ekel oder Angst reagieren, gehört nicht zum Wohngebrauch.

→ **... wollen Ihre Wohnung untervermieten, weil Sie für ein Jahr in Spanien studieren.** Sie müssen sich die Erlaubnis des Vermieters holen, die Wohnung teilweise unterzuvermieten. Das Studium in Spanien ist ein berechtigter Grund für eine Untervermietung, sodass der Vermieter Ihnen diese nur ausnahmsweise verweigern kann – zum Beispiel, wenn Ihr Untermieter durch Streitereien im Haus bereits besonders negativ aufgefallen ist. Verweigert der Vermieter Ihnen die Untervermietung, können Sie Schadenersatzansprüche geltend machen.

Wenn Sie alleiniger Hauptmieter sind, sind Sie der einzige Ansprechpartner für den Vermieter und allein verantwortlich für die Mietzahlung, die Kaution, Schönheitsreparaturen und so weiter. Sie müssen dann mit dann anderen WG-Mitgliedern Untermietverträge abschließen. Wenn alle WG-Mitglieder gemeinsam den Mietvertrag unterschreiben, sind alle gemeinsam verantwortlich, können aber auch nur alle gemeinsam kündigen.

Wichtig ist deshalb, dass aus dem Mietvertrag hervorgeht, dass eine Wohngemeinschaft einzieht und dass ein Wechsel der Bewohner jederzeit möglich ist. Mehrere Gerichte haben bestätigt, dass es dem Vermieter, der von der Wohngemeinschaft weiß, zuzumuten ist, den zwischenzeitlichen Austausch von Mietern zuzulassen. Der gemeinsame Mietvertrag wird dann in der Regel so aussehen, dass alle Mieter für die zu zahlende Miete haften. Wenn also einer von drei Bewohnern nicht zahlt, kann der Vermieter von den zwei übrigen den Anteil ihres Nachbarn einfordern.

→ **TIPP**

Wollen Sie in eine bestehende WG ziehen, fragen Sie am besten beim „Vorstellungsgespräch", wie die Sache mit dem Mietvertrag geregelt ist. Lassen Sie sich nicht in die alleinige Verantwortung hineinziehen.

Den neuen Wohnalltag meistern

Sie haben es geschafft: Der Mietvertrag ist unterschrieben. Jetzt geht es darum, den Umzug und vor allem den neuen Wohnalltag zu meistern. Wichtige Aufgaben, die Sie vor oder spätestens kurz nach dem Einzug erledigen sollten, sind zum Beispiel:

→ **Übernahme:** Klären Sie mit Ihrem Vermieter, ob er bestimmte Möbel, Gardinen und Geräte in der Wohnung lassen will. Sie sind nicht verpflichtet, die angebotene Einrichtung zu übernehmen – Sie sollten schon gar nicht zugreifen, wenn Ihnen der Preis deutlich zu hoch erscheint. Andererseits erleichtert es natürlich den Umzug, wenn Sie zum Beispiel seine Küche zu einem passablen Preis übernehmen können.

→ **Einrichtung:** Klären Sie, ob Ihre Eltern oder andere Verwandte noch vorzeigbare Möbel übrig haben, die Sie mitnehmen können. Wenn Sie selbst nicht mehr so häufig bei den Eltern sind, können Sie dort bestimmt auch auf die Couch oder ein Bücherregal im „Kinderzimmer" verzichten. Kaufen Sie neu ein, achten Sie darauf, was Sie zu welchen Bedingungen erwerben. Kaufen Sie auf Raten, können Sie eventuell den Überblick über Ihre

Ausgaben verlieren. Achten Sie bei Angeboten für eine „0-Prozent-Finanzierung" darauf, ob tatsächlich keine Kosten anfallen, oder ob sich im Kleingedruckten nicht doch noch Kosten verbergen.

→ **Stadtwerke:** Melden Sie sich früh genug bei den Stadtwerken an, damit es keine Probleme mit Strom-, Gas- und Wasserversorgung gibt. Notieren Sie zum Einzug die Zählerstände – am besten im Beisein des Vermieters. Die Werte können dann später auch ins Einzugsprotokoll übernommen werden.

→ **Telefon/Internet:** Um vom ersten Tag an in der neuen Bleibe erreichbar zu sein, sollten Sie sich früh genug um Telefon und Internet kümmern. Ein Anschluss dürfte in der Wohnung sein, doch überlegen Sie frühzeitig, zu welchem Anbieter Sie gehen wollen und melden Sie sich an. Kalkulieren Sie mit ein, dass es ein paar Tage länger dauern kann, wenn zum Beispiel der Mieter vorher bei einem anderen Anbieter war als Sie. Trotz allem kann es passieren, dass Sie zum Einzug noch kein Telefon und kein Internet in der Wohnung haben.

→ **Übergabeprotokoll:** Bevor Sie alles mit Ihren Möbeln vollstellen, sollten Sie nachschauen, ob es Schäden in der Wohnung gibt – Risse in Wänden, Kratzer oder Sprünge in den Badezimmerfliesen, dauerhafte Flecken auf den Fensterbänken. Machen Sie Fotos und geben Sie die Mängel gleich zu Beginn dem Vermieter an, damit es nicht hinterher bei Ihrem Auszug heißt, Sie hätten die Schäden verursacht. Tragen Sie all das, was Ihnen auffällt, in ein schriftliches Übergabeprotokoll ein, das Sie und der Vermieter unterschreiben.

→ **Versicherungen:** Überlegen Sie sich, ob Sie eine Hausratversicherung benötigen. Wenn Sie den Schutz wollen, klären Sie mit dem Versicherer der Eltern, ob Sie weiterhin über deren Vertrag geschützt bleiben können.

→ **Nachsendeantrag:** Stellen Sie diesen Antrag bei der Post. Sie können die Nachsendung für sechs oder auch für zwölf Monate vereinbaren. Warten Sie mit diesem Antrag wenn möglich nicht bis zum Umzugstag, denn ein paar Tage Vorlauf sind notwendig, ehe auf die neue Adresse umgestellt werden kann. Den Nachsendeantrag können Sie online unter post.de stellen.

→ **Andere informieren:** Nicht nur die Post sollte Bescheid wissen, sondern zum Beispiel auch Freunde, Arbeitgeber, Finanzamt, Bank und Versicherungen sollten Sie über die neue Adresse informieren.

→ **Einwohnermeldeamt:** Sie müssen sich an Ihrem neuen Wohnort anmelden. Je nach Bundesland gelten hier unterschiedliche Fristen von zum Beispiel sieben oder 14 Tagen nach Einzug. Überlegen Sie sich vorher, ob Sie an Ihrem neuen Wohnort Ihren Erst- oder Zweitwohnsitz haben wollen. Je nach Kommune kann es sein, dass Sie eine Zweitwohnsteuer zahlen müssen.

Langsam, aber sicher zu Hause fühlen

Der neue Wohnalltag dürfte für viele eine Umstellung sein, wenn Sie plötzlich selbst für alles verantwortlich sind, sich selbst um Einkauf und Wäsche kümmern müssen und abends vielleicht nicht mehr die Eltern oder die jüngeren Geschwister regelmäßig sehen können.

Gut dran ist, wer dann schnell Kontakte zu Kommilitonen oder Kollegen knüpfen kann. Nette Mitbewohnerinnen und Mitbewohner erleichtern den Start im neuen Zuhause. Doch auch hier gilt erstmal: Eingewöhnen und aneinander gewöhnen.

Zu Hause die Kosten im Griff

Zum selbstständigen Wohnen gehört auch, dass Sie Ihre eigenen Ausgaben im Blick behalten und wissen, was alles auf Sie zukommen kann, zum Beispiel an Heiz- und anderen Wohnnebenkosten. Gerade wenn die Öl- und Gaspreise steigen, kann es einmal

 INFORMATION

Probleme?

Gibt es Probleme mit dem Vermieter, mit der Betriebskostenabrechnung oder einer angekündigten Mieterhöhung? Holen Sie sich fachliche Unterstützung. Ansprechpartner finden Sie zum Beispiel in Mietervereinen vor Ort. Hier müssen Sie zwar einen Mitgliedsbeitrag zahlen, doch dieser kann sich lohnen, wenn Sie dafür unberechtigte Forderungen Ihres Vermieters abwehren können. Mehr Informationen finden Sie unter anderem auf der Webseite des Deutschen Mieterbunds mieterbund.de. Hier können Sie auch nach den Kontaktdaten von Mietervereinen in Ihrer Nähe suchen. Bei vielen Mietervereinen ist eine Rechtsschutzversicherung bereits im Mitgliedsbeitrag enthalten. Wenn Sie eine eigene Rechtsschutzversicherung haben, und der Versicherer auch für Mietrechtsangelegenheiten zahlt, können Sie diesen Schutz ebenfalls nutzen und sich auf Kosten des Versicherers Rat bei einem Rechtsanwalt holen. Klären Sie allerdings bei Ihrem Auszug von zu Hause, ob Sie dann noch einen Anspruch auf Leistungen aus einer Rechtsschutzversicherung Ihrer Eltern haben.

CHECKLISTE

Alltagsfragen in der WG

Sprechen Sie mit Ihren Mitbewohnerinnen und Mitbewohnern Alltagsfragen möglichst früh an, damit nicht nach wenigen Wochen der Frust ausbricht und Sie sich am liebsten schon wieder nach einer neuen Bleibe umsehen wollen:

→ **Finanzen:** Bei Geld hört oft die Freundschaft auf. Sprechen Sie deshalb von Anfang an untereinander ab, wer was wann zahlen muss. Die Kosten für Telefon- und Internetflat lassen sich noch leicht teilen, aber wie ist es zum Beispiel mit Badreiniger und Toilettenpapier: Kauft jeder einzeln ein oder gibt es eine gemeinsame Kasse? Wenn Sie es vorher klären und anhand der Einkaufsbelege festhalten, wer wann das Geld ausgegeben hat, gibt es weniger Anlass für Streit. Auch wenn Sie über den Strom nur eine gemeinsame Abrechnung erhalten, stellen Sie vorher klar, ob jeder, der in der Wohnung lebt, auch gleich viel zahlt oder ob anhand der Fläche der Zimmer abgerechnet wird. Notieren Sie außerdem, wer wie viel Kautionsanteile bezahlt hat und wann diese nach Auszug zurückgezahlt werden.

→ **Terminpläne:** Putz-, Einkaufs- und Kochplan sollten für klare Verhältnisse sorgen. Wenn es nicht klappt, sprechen Sie es möglichst zeitnah an. Das gilt auch für andere organisatorische Fragen wie zum Beispiel den morgendlichen Kampf ums Badezimmer. Kündigen Sie am Tag vorher an, wenn Sie einen wichtigen Termin haben, damit sich diejenigen, die ebenfalls das Bad nutzen möchten, darauf einstellen können und niemand vorher zu lange die Dusche blockiert.

→ **Gemeinsames Leben:** Einmal in der Woche gemeinsam kochen? Oder gilt die Devise, dass jeder macht, was er will? Um falsche Erwartungen zu vermeiden, klären Sie, wie Sie sich das gemeinsame Wohnen vorstellen.

→ **Feiern:** Sagen Sie sich gegenseitig Bescheid, wenn Besuch kommt und es lauter werden könnte. Dann kann jeder überlegen, ob er ausgeht, trotz Lärm in seinem Zimmer arbeitet oder mitfeiert.

im Jahr eine böse Überraschung geben – wenn die Betriebskostenabrechnung des Vermieters ins Haus kommt. Haben die monatlichen Vorauszahlungen für die Betriebskosten ausgereicht, oder wird für das Vorjahr ein Nachschlag fällig?

Jeden Monat müssen Sie für die Betriebskosten eine Vorauszahlung leisten, einmal im Jahr muss der Vermieter dann alles genau abgleichen und die Heizkostenabrechnung vorlegen. Die Abrechnung für 2019 muss spätestens Ende 2020 den Mietern vorliegen.

→ **TIPP**

Wird mit der Nebenkostenabrechnung eine hohe Nachzahlung fällig? Sprechen Sie mit Ihren Nachbarn und lassen Sie sich gegebenenfalls von einem Mietrechtsexperten beraten. Lassen Sie prüfen, ob der Vermieter tatsächlich alle abgerechneten Posten auf Sie übertragen kann. Zum Beispiel gehören die Verwaltungskosten des Vermieters und die Ausgaben für die Instandhaltung des Hauses nicht zu den Betriebskosten, die Sie mit zahlen müssen.

Häufig haben Sie selbst ein paar Möglichkeiten, um die Betriebskosten leicht zu drücken – zum Beispiel durch „richtiges" Heizen:

→ **Freie Bahn:** Stellen Sie zum Beispiel sicher, dass die Heizkörper frei sind und nicht durch Möbel verdeckt, sodass die Wärme freie Bahn hat.

→ **Temperatur:** Wenn Sie die Raumtemperatur nur um ein Grad herunterdrehen, sparen Sie schon etwa sechs Prozent der Kosten. Temperaturen zwischen 18 Grad im Schlafzimmer und 21 Grad im Wohnzimmer reichen innerhalb einer Wohnung meistens aus. Nachts oder wenn Sie und Ihre Mitbewohnerinnen und Mitbewohner nicht da sind, reichen sogar noch niedrigere Temperaturen. Aber Achtung: Selbst wenn niemand da ist, sollte die Wohnung nicht ganz unbeheizt sein. Normalerweise ist eine zentrale Heizungsanlage so geregelt, dass es so etwas wie „Frostschutz" gibt. Damit es also nie kälter als sieben Grad im Raum wird, stellen Sie den Temperaturregler am Heizkörper auf das Schneestern-Zeichen.

→ **Thermostatventile:** Wenn Sie Thermostatventile in der Wohnung haben, sollten Sie diese auf die gewünschte Raumtemperatur einstellen – zum Aufheizen des Zimmers ist es nicht notwendig, die Temperatur extra hoch einzustellen, denn der Thermostat öffnet die Leitung automatisch so lange, bis die gewünschte Raumtemperatur erreicht ist. Wenn die Heizkörper nicht warm werden, sprechen Sie mit Ihrem Vermieter. Häufig bringt es schon einiges, wenn die Heizkörper entlüftet werden.

→ **Richtig lüften:** Zum Energiesparen in der kalten Jahreszeit gehört auch das richtige Lüften: Die abgestandene feuchte Luft sollten Sie unbedingt regelmäßig gegen frische Luft austauschen, um Schimmel zu vermeiden. Öffnen Sie dazu Fenster und Balkontür für fünf bis zehn Minuten weit (stellen Sie das Fenster in diesen Zeiten nie auf Kippe!). Wenn Sie vor dem Öffnen der Fenster die Heizung abdrehen und erst nach dem Lüften wieder öffnen, vermeiden Sie Wärmeverluste, weil die Wohnung in der Zwischenzeit nicht unnötig aufgeheizt wird.

→ **Mängel:** Zieht es in Ihrer Bleibe durch alle Fensterritzen, können Sie Ihren Vermieter auffordern, etwas gegen diesen Mangel zu unternehmen. Wenn der Vermieter Ihnen zum Beispiel schon beim Einzug zugesagt hat, sich um die undichten Fenster zu kümmern, und er macht doch nichts, dürfen Sie die Miete mindern. Sprechen Sie am besten vorher mit einem Mietrechtsexperten, wie Sie vorgehen und was Sie vom Vermieter verlangen können. Weniger Miete zahlen dürfen Sie auch bei anderen Mängeln, zum Beispiel wenn Toilette und Dusche plötzlich nicht mehr funktionieren oder bei dauernder Lärmbelästigung durch die Nachbarn.

Stromkosten senken

Günstig heizen ist eine Sache, die Ihr Konto entlastet, Strom sparen eine andere. Eine Kilowattstunde Strom kostet im Schnitt etwa 30 Cent pro Kilowattstunde. Wenn Sie zum Beispiel in einem Jahr 1.400 Kilowattstunden Strom verbrauchen, kommen Sie demnach insgesamt auf rund 420 Euro im Jahr.

Obwohl jeder Verbraucher seit 1998 die freie Wahl hat, woher er seinen Strom bezieht, geht immer noch die große Mehrheit den bequemen Weg und bleibt beim örtlichen Stromanbieter. Warum? Rufen Sie zumindest bei Ihrem örtlichen Anbieter an und fragen Sie dort nach einem günstigeren Tarif. Wenn Sie den Tarif ändern, kann es allerdings sein, dass Sie länger an den Anbieter gebunden sind. Schauen Sie sich aber auch nach anderen Stromanbietern um. Und überlegen Sie sich, welchen Strom Sie wollen – herkömmlichen Strom oder zertifizierten Ökostrom.

Klären Sie vor einem Anbieterwechsel im ersten Schritt, ob Ihr aktueller Vertrag mit dem Stromanbieter eine Mindestlaufzeit hat. Nutzen Sie Online-Portale wie verivox.de, tarifvergleich.de oder toptarif.de für die Suche nach einem neuen Anbieter und vergleichen Sie die Bruttopreise, die bei Ihrem Stromverbrauch je nach Wohnort fällig werden. Haben Sie einen neuen Versorger ausgewählt, kündigen Sie Ihren bestehenden Vertrag schriftlich. Beim neuen Anbieter können Sie häufig online das Vertragsformular ausfüllen. Manche Stromanbieter wollen, dass Sie es dann zurückschicken. Wenn Sie zusätzlich eine Vollmacht mit einreichen, dass der neue Stromanbieter Ihren bisherigen Vertrag kündigen darf, kümmert sich der neue Stromlieferant dann um alle weiteren Formalitäten. Der bisherige Stromversorger schickt Ihnen eine Bestätigung der Kündigung und will dann noch wissen, auf welchem Stand Ihr Stromleser steht. Eine Schlussabrechnung über den Stromzähler, der seit dem letzten Ablesetermin angefallen ist, sollten Sie spätestens einen Monat nach dem Wechsel bekommen.

Wo sind Ihre Stromfresser?

Egal ob mit oder ohne einen neuen Anbieter, ob herkömmlicher Strom oder Ökostrom: Die Umwelt und auch das eigene Portemonnaie können Sie durch manch andere zusätzliche kleine Änderung im Alltag entlasten, indem Sie Strom sparen. Wer zum Beispiel abends direkt vor dem Schlafengehen fernsieht oder die Musikanlage anschaltet, kommt günstiger weg, wenn er nicht einfach auf der Fernbedienung auf Standby drückt, sondern sich noch einmal kurz aus dem Bett bewegt, um die Geräte richtig auszuschalten. Der Fernsehstecker ist vom Bett aus greifbar und kann von dort ganz bequem herausgezogen werden. Oder die Mehrfachsteckdose lässt sich an- und ausschalten.

Ein anderes Beispiel mit Potenzial: der Kühlschrank. Überlegen Sie zum Beispiel vor dem Einzug, ob tatsächlich der kleine Kühlschrank, der schon über zehn Jahren bei Ihren Eltern herumstand, mit in die neue Wohnung soll oder ob nicht ein neueres Gerät, das weni-

ger Energie verbraucht, auf Dauer besser ist. Der Kühlschrank in der Wohnung sollte nicht neben dem Herd stehen, sondern einen möglichst kühlen Platz haben. Jedes Grad mehr in der direkten Umgebungstemperatur steigert den Stromverbrauch um sechs Prozent. Mit Blick aufs Energiesparen lohnt es sich außerdem, regelmäßig den Kühlschrank abzutauen. Je mehr Reif sich bildet, desto höher ist der Energie- und Geldverbrauch.

→ **TIPP**

Tipps zum Energieverbrauch finden Sie unter verbraucherzentrale.nrw, Suchwort: Stromspartipps. Wie lässt sich Energie sparen? Was bringen welche Veränderungen? Unter dem Motto „Strom sparen einfach gemacht" finden Sie hier viele Informationen.

Für Radio und Fernsehen zahlen

Zu den regelmäßigen Ausgaben, die Sie ebenfalls einplanen sollten, gehört der Rundfunkbeitrag für öffentlich-rechtliche Radio- und Fernsehsender. Der Beitrag liegt derzeit bei 17,50 Euro im Monat. Für jede Wohnung muss einmal Rundfunkbeitrag gezahlt werden. Es spielt keine Rolle, wie viele Personen in dieser Wohnung leben. Das bedeutet: Wenn Sie zum Beispiel in einer WG leben, reicht es, wenn einmal der Monatsbetrag gezahlt wird.

Wohnen Sie allein im Zimmer eines Studentenwohnheims, gilt das in aller Regel als

Ihre „Wohnung", sodass Sie den Beitrag aufbringen müssen. Für Wohngemeinschaften innerhalb eines Wohnheims – wenn ihr Bereich durch eine Wohnungstür abgetrennt ist –, gilt wiederum das, was auch für alle anderen Wohngemeinschaften gilt: ein Beitrag pro Wohnung.

Unter bestimmten Voraussetzungen können Sie dem Rundfunkbeitrag aber auch entgehen. Dafür müssen Sie einen Antrag auf Befreiung stellen. Diese Möglichkeit haben zum Beispiel die Empfänger von Arbeitslosengeld II. Im Studium oder in der Ausbildung können Sie sich befreien lassen, wenn Sie BAföG oder Bundesausbildungsbeihilfe beziehen. Dazu sollten Sie eine beglaubigte Kopie des entsprechenden amtlichen Bescheids mit einreichen. Das Antragsformular können Sie unter rundfunkbeitrag.de online ausfüllen und ausdrucken. Senden Sie die Unterlagen dann an ARD ZDF Deutschlandradio, Beitragsservice, 50656 Köln. Senden Sie das Ganze am besten per Einschreiben mit Rückschein, um sicherzugehen, dass Ihr Brief auch ankommt.

Auszug: stressfreies Ende

War die WG doch die falsche Wahl? Kommen Sie mit Ihren Mitbewohnern nicht klar? Oder wollen Sie gerne mit Ihrem Freund oder Ihrer Freundin zusammenziehen?

Wollen Sie Ihre Wohnung kündigen, müssen Sie dies immer schriftlich machen und die Kündigung persönlich unterschreiben. Warum Sie kündigen, müssen Sie aber nicht sagen.

Wurde zwischen Ihnen und dem Vermieter nichts anderes vereinbart wurde, gilt eine

 BEISPIEL

Laura will zum 1. Dezember 2019 mit einer Freundin zusammenziehen. Sie kündigt ihr WG-Zimmer zum 30. November 2019. Trotz der dreimonatigen Kündigungsfrist muss ihre Kündigung nicht zwingend am 31. August dem Vermieter vorliegen. Es reicht, wenn er sie am dritten Werktag im September hat. Für 2019 wäre das Mittwoch, der 4. September. Sonntage und gesetzliche Feiertage bleiben außen vor, da Sie nicht als Werktage zählen.

 VORSICHT

Haben Sie die Wohnung zusammen mit den anderen WG-Mitgliedern gemietet, sind Sie alle Hauptmieter. Dann kann das Mietverhältnis nur von allen WG-Mitgliedern gemeinsam gekündigt werden. Es sei denn, im Vertrag ist festgehalten, dass eine WG Mieter ist und die WG berechtigt ist, Mieterwechsel selbstständig vorzunehmen.

Kündigungsfrist von drei Monaten. Um sicherzugehen, dass die Kündigung pünktlich vorliegt, übergeben Sie sie entweder persönlich, wenn dies möglich ist. Oder schicken Sie sie per Einwurf-Einschreiben, damit Sie belegen können, dass Sie die Fristen eingehalten haben.

→ **TIPP**

Kündigt der Vermieter eine Mieterhöhung an, haben Sie ein Sonderkündigungsrecht, auch wenn im Mietvertrag das Kündigungsrecht für einen bestimmten Zeitraum ausgeschlossen ist. War diese Erhöhung allerdings schon im Mietvertrag angekündigt, zum Beispiel bei einem Staffelmietvertrag, gilt dieses Sonderkündigungsrecht nicht. Aber bei normalen, unbefristeten Mietverträgen können Sie als Mieter immer mit Dreimonatsfrist kündigen.

Wollen Sie als alleiniger Mieter vor Ablauf der Kündigungsfrist aus Ihrem Vertrag aussteigen, sprechen Sie mit Ihrem Vermieter. Vielleicht können Sie sich darauf einigen, dass er Sie vorzeitig ziehen lässt, wenn Sie ihm einen angemessenen Nachmieter präsentieren. Probieren Sie es auch, wenn Sie einen Vertrag unterzeichnet haben, mit dem eine Kündigung bis zu einem bestimmten Termin eigentlich ausgeschlossen ist. Lässt sich der Vermieter nicht darauf ein, bitten

Wann Sie zum Pinsel greifen müssen

„Häufig gibt es Streit ums Renovieren", sagt **Ulrich Ropertz, Geschäftsführer des Deutschen Mieterbundes:** „Renovieren müssen Sie als Mieter nur, wenn Sie in eine renovierte Wohnung eingezogen sind und wenn im Mietvertrag wirksam vereinbart ist, dass Sie in bestimmten Zeitabständen – zum Beispiel Küche und Bad nach drei Jahren, Haupträume nach fünf Jahren – Decken und Wände streichen, Dübellöcher zuspachteln und überpinseln, Heizkörper, Türen und Fenster von innen lackieren müssen. Entscheidend ist aber der exakte Wortlaut der Vertragsklausel. Ist zum Beispiel zwingend vorgesehen, dass alle drei Jahre die Küche und das Badezimmer zu streichen sind? Solche Klauseln sind ungültig. Gültig sind sie allerdings, wenn sie etwas freier formuliert sind. Wenn es also beispielsweise im Vertrag heißt, Küche und Bad müssten „in der Regel" oder „normalerweise" nach drei Jahren gestrichen werden. Sind die vertraglich vereinbarten Fristen für Renovierungen bei Ihrem Auszug noch nicht abgelaufen, müssen Sie weder renovieren, noch anteilige Renovierungskosten zahlen. Anders lautende Vertragsklauseln sind immer unwirksam."

dann müssen die Arbeiten trotzdem fachgerecht erledigt werden – fleckige Wände und unsauber gestrichene Fensterrahmen muss der Vermieter nicht akzeptieren. Haben Sie selbst Laminatboden verlegt oder ein Hochbett eingebaut, sprechen Sie vorher mit dem Vermieter, ob diese Einbauten bleiben können. Vielleicht hat sich ja schon Ihr Nachmieter bereit erklärt, diese Dinge zu übernehmen. Es kann aber auch sein, dass Sie wieder alles entfernen müssen. Dies gilt auch für Einrichtungen, die Sie vom Vormieter übernommen haben.

→ **TIPP**

Am Ende der Mietzeit muss der Vermieter die Kaution mit Zins und Zinseszins zurückzahlen. Steht fest, dass er keine Ansprüche aus dem Mietverhältnis mehr hat, muss er die Kaution eigentlich sofort zurückzahlen. Die Rechtsprechung billigt dem Vermieter aber eine Überlegungsfrist zu, in der Regel drei Monate. In schwierigen Fällen – wenn umstritten ist, ob der Vermieter noch Ansprüche hat – kann die Frist auch sechs oder sogar neun Monate betragen. Und wenn die Betriebskostenabrechnung für das letzte Jahr der Mietzeit noch aussteht, kann der Vermieter, wenn er mit Nachforderungen rechnen kann, einen Teil der Mietkaution auch noch entsprechend länger zurückbehalten.

Sie ihn, einen Untermieter suchen zu dürfen. Verweigert er die Untervermietung, können Sie doch noch nach drei Monaten aus dem Vertrag aussteigen.

Gerade beim Auszug kann es noch einmal zum Streit mit dem Vermieter kommen: Welche Zimmer müssen Sie streichen? Müssen Sie die Macken in den Türrahmen beseitigen? Und wer ist verantwortlich für die Risse in den Fliesen in der Küche? Gut dran sind Sie, wenn Sie etwa anhand des Übergabeprotokolls, das zum Einzug erstellt wurde, belegen können, welche Mängel schon vor Ihrem Einzug da waren.

Der Vermieter kann allerdings nicht verlangen, dass Sie für die Renovierung extra einen Handwerker engagieren. Sie können alles auch selbst mit Freunden machen, aber

Gut versichert: wichtiger Schutz für Ausbildung und Studium

Bis zum Ende der Schulzeit mussten Sie sich meist um das Thema Versicherungen keine Gedanken machen, schließlich hatten Sie in vielen Fällen Schutz über die Verträge der Eltern. Mit Ausbildungs- und Studienbeginn ändert sich das – aber erst mal nur ein wenig.

Rund 2.400 Euro geben die Deutschen im Schnitt jedes Jahr für Versicherungen aus – umgerechnet rund 200 Euro im Monat. Auch wenn das Thema kaum spannend oder sogar eher lästig erscheinen mag: Viele der angebotenen Versicherungen sind auf jeden Fall sinnvoll oder sogar unbedingt zu empfehlen, andere decken nur weniger hohe Risiken ab, die kann man sich daher auch sparen.

Während der Schulzeit mussten Sie selbst sich um diese Frage und um mögliche Versicherungsbeiträge keine Gedanken machen. Wichtigen Schutz hatten Sie häufig über Ihre Eltern und deren Verträge: Hatten Ihre Eltern zum Beispiel eine Privathaftpflicht-, eine Hausrat- oder eine Rechtsschutzversicherung abgeschlossen, galt dieser Schutz auch für Sie.

Geld von der Hausratversicherung der Eltern kann es zum Beispiel geben, wenn der 15-jährigen Tochter das Fahrrad gestohlen wird. Die Privathaftpflichtversicherung der Familie springt ein, wenn der Sohn mit seinem Fahrrad aus Versehen das Auto der Nachbarn streift und der Schaden am Wagen repariert werden muss.

Wenn nun Ihre Ausbildung oder Ihr Studium beginnt, heißt das nicht, dass der Schutz der bisherigen Versicherungsverträge von einem Tag auf den anderen nicht mehr gilt: Auch in Ausbildung und Studium können Sie sich die Beiträge für verschiedene Verträge sparen, da Sie in vielen Bereichen über Ihre Eltern weiterhin Schutz genießen. Für alle Lebenslagen funktioniert das aber nicht. Deshalb schaffen wir auf den nächsten Seiten Klarheit:

→ Welchen Schutz benötigen Studierende, Auszubildende, Au-Pairs und alle anderen, für die nach der Schule ein neuer Lebensabschnitt beginnt?

→ Welche eigenen Verträge sollten sie abschließen und wo reicht der Versicherungsschutz der Eltern noch aus?

→ Welchen Schutz haben Sie automatisch über die gesetzliche Sozialversicherung?

→ Und: Auf welche Versicherungsangebote können Sie meistens verzichten?

Was jeder braucht

Es gibt den gesetzlich vorgeschriebenen Versicherungsschutz, zum Beispiel die Krankenversicherung. Anderen Schutz müssen Sie laut Gesetzgeber zwar nicht haben, aber Sie sollten trotzdem nicht darauf verzichten. Zu diesen unverzichtbaren Versicherungen zählt zum Beispiel die Privathaftpflichtversicherung. Sie springt ein, wenn Sie jemand anderem einen Schaden zufügen.

Die Krankenversicherung

Den Schutz einer Krankenversicherung benötigt per Gesetz jeder – entweder über eine gesetzliche Krankenkasse oder eine private Krankenversicherung. Mehr als 90 Prozent sind hierzulande über die gesetzliche Krankenversicherung (GKV) geschützt und in einer von weit über 100 gesetzlichen Krankenkassen versichert. Der Rest hat bei einem der privaten Krankenversicherer (PKV) einen Vertrag abgeschlossen, der je nach Angebot eventuell mehr Leistungen bietet.

Wer sich gesetzlich versichern muss und wer in die private Krankenversicherung darf, ist gesetzlich geregelt. Die Höhe der Beiträge, die die Mitglieder in einer gesetzlichen Kasse leisten müssen, hängt für viele vor allem von der Höhe ihres Einkommens ab. Derzeit gilt ein allgemeiner Beitragssatz von 14,6 Prozent. Darüber hinaus dürfen die Krankenkassen noch Zusatzbeiträge erheben. Diese liegen derzeit häufig bei etwa einem Prozent, manchmal auch deutlich darunter oder auch deutlich höher.

Den kompletten Beitrag, der je nach Kasse bei etwa 15 bis 16 Prozent liegt, müssen aber zum Beispiel Angestellte nicht allein aufbringen. Sie teilen sich den Beitrag je zur Hälfte mit dem Arbeitgeber. Das gilt übrigens auch für Auszubildende. Es sei denn, ihr Gehalt liegt bei höchstens 325 Euro im Monat. Dann können sie sich ihren Kassenanteil nämlich sparen, der Arbeitgeber muss den Beitrag – wie übrigens auch die Beiträge zu den anderen Zweigen der gesetzlichen Sozialversicherung – allein übernehmen.

Für Studierende sieht die Situation etwas anders aus: Häufig sind sie noch über ihre Eltern beitragsfrei mitversichert („Familienversicherung"). Wenn das etwa aufgrund ihres Alters oder ihres Nebeneinkommens nicht mehr klappt, können sie sich über einen günstigeren Studententarif schützen → Seite 51.

In der privaten Krankenversicherung rechnen die Anbieter anders: Hier richtet sich die Höhe des Beitrags zum einen nach dem Umfang des Schutzes und zum anderen danach, wie alt und wie gesund die versicherte Person bei Vertragsabschluss war. Doch wer versichert sich wie?

→ **Auszubildende:** Bei einem Einkommen von nur einigen Hundert Euro im Monat ist klar, dass Auszubildende, die in einem Betrieb beschäftigt sind, in eine gesetzliche Krankenkasse gehen müssen und sich nicht privat versichern können. In eine private Krankenversicherung könnten sie als Angestellte erst wechseln, wenn sie über 60.750 Euro im Jahr verdienen. Das ist die sogenannte Versicherungspflichtgrenze im Jahr 2019. Diese Grenze steigt in der Regel an.

→ **Studierende:** Für sie sind die Vorgaben etwas anders: Auch sie sind versicherungspflichtig in der gesetzlichen Krankenversicherung. Dass sie versichert sind – entweder selbst als Mitglied einer Kasse oder über die Krankenkasse ihrer Eltern –, müssen sie bei der Einschrei-

bung nachweisen. Sie können sich allerdings von der gesetzlichen Versicherungspflicht befreien lassen und sich privat absichern. Interessant kann das sein, wenn ihre Eltern zum Beispiel als Lehrer arbeiten und verbeamtet sind. Dann haben die Eltern für sich und auch für ihre studierenden Kinder Anspruch auf einen Zuschuss zu den Behandlungskosten. Dieser Zuschuss – die sogenannte Beihilfe – kann auch noch während der Studienzeit fließen, sodass die private Absicherung dann in der Regel günstiger ist als der gesetzliche Schutz. Ansonsten ist allerdings die gesetzliche Krankenkasse die günstigere Variante. Wie es nach dem Studium weitergeht, hängt vom weiteren Berufsweg ab. Gehen die Studierenden danach beispielsweise als Lehramtsanwärter direkt ins Referendariat, können sie sich privat krankenversichern. Werden sie hingegen Angestellte in einem Unternehmen, müssen sie sich spätestens dann für eine eigene gesetzliche Krankenkasse entscheiden, wenn sie unterhalb der Pflichtversicherungsgrenze verdienen.

→ **Übergangsphase:** Wie Sie sich in dieser Zeit absichern können, hängt unter anderem davon ab, wie viel Sie verdienen und wie lange Sie jeweils arbeiten. Mehr zu den unterschiedlichen Regelungen lesen Sie ab → Seite 69.

Unabhängig davon, ob Sie in der Ausbildung sind, studieren oder die Übergangszeit mit einem Nebenjob überbrücken: Alle bisher über die Eltern in einer Krankenkasse Mitversicherten, die selbst Mitglied einer gesetzlichen Kasse werden müssen, können meist frei wählen, in welche Kasse sie gehen. Nur weil man als Kind über die Eltern kostenlos etwa in einer AOK, der Techniker oder einer Betriebskrankenkasse (BKK) versichert war, heißt das nicht, dass man selbst Mitglied bei genau dieser Kasse bleiben muss.

Für alle, die selbst zahlen müssen, mag auf den ersten Blick der Beitragssatz als entscheidendes Auswahlkriterium ins Auge stechen, doch gerade bei niedrigen Ausbildungs-oder Nebenjobeinkommen wird die mögliche Beitragsersparnis auf wenige Euro beschränkt und deshalb nicht überragend sein.

Gerade wenn es beim Beitrag nicht viel herauszuholen gibt, kann es umso entscheidender sein, sich eine leistungsstarke Kasse auszusuchen, deren Beitragssatz vielleicht um ein paar Zehntel-Prozentpunkte höher ist, die dafür aber mehr bietet. So kann die Ersparnis letztlich deutlich höher ausfallen. Denn auch wenn die Leistungen der Krankenkassen in Deutschland zu etwa 95 Prozent identisch sind, gibt es doch einige Unterschiede, für die es sich lohnt, einen etwas höheren Beitragssatz in Kauf zu nehmen.

Einige Krankenkassen übernehmen zum Beispiel mehr Ausgaben im Bereich Homöopathie, zahlen mehr zu bei einer professionellen Zahnreinigung oder übernehmen die Kosten für mehr Reiseimpfungen als andere. Außerdem lohnt sich ein Blick auf weitere Zusatzangebote, etwa Bonuszahlungen für gesundheitsbewusstes Verhalten: Für den Besuch der Krebsvorsorge, die Teilnahme an Präventionskursen oder Zahnarztbesuche können Sie Boni kassieren. Wenn Sie diese Termine sowieso wahrnehmen, lohnt es sich vor Auswahl der Kasse zu vergleichen, wie all das belohnt wird.

Fazit: Eine Krankenversicherung muss jeder haben! Wer gesetzlich versichert ist, sollte auf die Leistungen achten und eine Kasse wählen, deren Angebote zu ihm passen.

> ▶ BEISPIEL
>
> Jana verdient als Auszubildende 752 Euro brutto. Erhebt ihre Krankenkasse inklusive Zusatzbeitrag 15,6 Prozent davon, zahlt sie monatlich 58,66 Euro. Ihr Ausbildungsbetrieb würde ebenfalls diesen Beitrag zahlen. Wechselt sie in eine Kasse mit einem Beitragssatz von 15,2 Prozent, zahlt sie 57,15 Euro – also gerade einmal 1,50 Euro weniger. Wäre sie in einer eher teuren Kasse mit einem Beitragssatz von zum Beispiel 16,3 Prozent, müsste sie monatlich 61,29 Euro zahlen.

Zusätzliche Krankenversicherung für Auslandsaufenthalte

Die gesetzliche Krankenversicherung hat eine Lücke, die vielleicht nicht jeder im Blick hat: Wer im Ausland krank wird und dort medizinisch behandelt werden muss, bleibt entweder komplett oder zumindest zum Teil auf seinen Kosten für Krankenhaus, Arzt und Medikamente sitzen. Denn die deutschen Krankenkassen übernehmen in Ländern innerhalb der Europäischen Union und in einigen anderen Staaten nur die Kosten, die für die Behandlung in Deutschland fällig geworden wären.

Rechnet die spanische Klinik die Blinddarm-OP zu höheren Preisen ab, muss der Patient den Rest aus eigener Tasche zahlen. Für eine OP in den USA würde die Krankenkasse gar nichts zahlen. Denn Patienten in allen Ländern außerhalb der EU, mit denen Deutschland kein Sozialversicherungsabkommen geschlossen hat, gehen leer aus. Für eine medizinische Behandlung und einen Krankenhausaufenthalt können dann je nach Erkrankung und Reiseland mehrere Tausend Euro fällig werden, die Sie als Patient selbst zahlen müssten.

Um sich vor dieser Situation zu schützen, ist Kassenpatienten eine private Auslandsreisekrankenversicherung unbedingt zu empfehlen. Sie zahlt außerdem, wenn Sie aus Ihrem Reiseland zur weiteren Behandlung nach Deutschland zurücktransportiert werden müssen. Die Ausgaben für einen solchen Flug können leicht mehrere Zehntausend Euro ausmachen. Die gute Nachricht ist: Die privaten Auslandsreisekrankenversicherungen gehören zu den günstigeren Angeboten. Wer einzelne Urlaubsreisen während eines gesamten Jahres absichern will, kann je nach Versicherer und Tarif schon für unter 10 Euro im Jahr passenden Schutz bekommen.

Die einzelnen Reisen dürfen allerdings je nach Anbieter nicht länger als ungefähr sechs bis acht Wochen dauern. Teurer wird der Schutz, wenn zum Beispiel ein ganzes Semester in den USA oder in Australien abgesichert werden soll. Der Schutz für sechs Monate kann einige Hundert Euro kosten. Das ist aber immer noch besser, als die kompletten Arztrechnungen im Ausland selbst zahlen zu müssen.

Wenn Ihre Eltern eine private Auslandsreisekrankenversicherung für die gesamte Familie abgeschlossen haben, fragen Sie beim Versicherer nach, wie lange Kinder mit abgesichert werden. Die Anbieter ziehen hier unterschiedliche Altersgrenzen. Manchmal sind nur Kinder mitversichert, die höchstens 17 Jahre alt sind.

Andere Gesellschaften ermöglichen es auch 20-Jährigen, geschützt über die Familienversicherung der Eltern zu verreisen. Schauen Sie vorher nach, wie viele Tage Sie am Stück pro Auslandsaufenthalt maximal wegbleiben dürfen.

→ TIPP
Bevor Sie eine Auslandsreisekrankenversicherung abschließen, klären Sie, ob Sie den Schutz über einen anderen Vertrag haben. Vielleicht haben Ihre Eltern bereits vor Jahren für Sie einen privaten Versicherungsvertrag als Ergänzung zur gesetzlichen Krankenkasse abgeschlossen, der Ihnen mehrere Zusatzleistungen bietet – beispielsweise Zuschüsse zum Zahnersatz, zur neuen Brille und zu Behandlungen beim Heilpraktiker. Haben Sie so eine Versicherung, kann es gut sein, dass der Auslandskrankenschutz mit verpackt ist.

Studierende, die während der Unizeit sowieso privat krankenversichert sind, sollten vor einem Auslandsaufenthalt nachfragen, ob ihre Krankenversicherung für den Rücktransport aufkommt. Es kann sein, dass diese Leistung in ihren Vertragsbedingungen fehlt. Ist das der Fall, sollten Sie unbedingt den zusätzlichen Schutz abschließen. Auch sollte vorsorglich nachgefragt werden, über welchen Zeitraum der Schutz im Ausland gilt.

Pflegeversicherung

Wie die Krankenversicherung ist auch eine Absicherung für den Pflegefall Pflicht für jeden. Alle Versicherten in einer gesetzlichen Krankenkasse sind gleichzeitig auch Mitglied der gesetzlichen Pflegeversicherung. Angestellte teilen sich mit ihrem Arbeitgeber einen Beitragssatz von 3,05 Prozent ihres Einkommens. Wer älter als 23 Jahre ist und keine Kinder hat, zahlt selbst noch einmal 0,25 Prozent zusätzlich. Verdienen Auszubildende höchstens 325 Euro im Monat, übernimmt allerdings der Arbeitgeber den kompletten Beitrag für sie.

Studierende, die beitragsfrei über die Krankenkasse der Eltern mitversichert sind, zahlen nichts für die gesetzliche Pflegeversicherung. Sind Studierende selbst krankenversichert, zahlen sie für die Pflege- wie für die Krankenversicherung einen pauschalen Betrag, unabhängig davon, wie viel sie selbst verdienen. Alle, die privat krankenversichert sind, zahlen an ihren privaten Versicherer auch einen bestimmten Beitrag für die private Pflegepflichtversicherung.

Anspruch auf Leistungen aus der Pflegeversicherung hat dann jeder, dem zum Beispiel nach einer schweren Krankheit oder nach einem Unfall ein sogenannter Pflegegrad zugewiesen wird, weil er bei Dingen des alltäglichen Lebens wie Anziehen oder Körperpflege auf regelmäßige (fremde) Hilfe angewiesen ist.

Privathaftpflichtversicherung

Während die Absicherung gegen Krankheit und Pflegebedürftigkeit gesetzlich vorgeschrieben ist, ist es kein Muss, mit einer privaten Haftpflichtversicherung für den Ernstfall vorzusorgen. Doch auch wenn der Schutz freiwillig ist, sollte ihn jeder haben.

BEISPIEL

Sie sind mit dem Fahrrad auf dem Weg zur Uni. Im Copyshop hat es länger gedauert als gehofft. Weil die Zeit knapp wird, fahren Sie noch schnell über die Kreuzung, obwohl die Ampel schon rot ist – ohne genau zu gucken, ob von rechts jemand kommt. Wenn dann etwas passiert, kann Sie das finanziell ruinieren. Wenn durch Sie beispielsweise ein anderer Radfahrer stürzt, haften Sie für sämtliche Schäden, die diese zweite Person erleidet. Sie müssen nicht nur deren Fahrradreparatur übernehmen und den Schaden an der Kleidung ersetzen, sondern Sie haften auch – und das kann die Kosten besonders in die Höhe treiben – für die Folgen sämtlicher körperlichen Verletzungen. Die Krankenkasse der oder des Verunglückten wird sich dann auch an Sie wenden und zum Beispiel Behandlungskosten zurückfordern. Im ungünstigen Fall müssten Sie auch für eine Rente aufkommen, wenn die verunglückte Person nicht mehr berufstätig sein könnte.

Für einen solchen Ernstfall ist es unbedingt sinnvoll, wenn Sie über eine private Haftpflichtversicherung geschützt sind. Der Versicherer kommt für Schäden auf, die Sie anderen zufügen. Er zahlt nicht, wenn Sie vorsätzlich gehandelt haben. Ohne diesen Schutz könnten Fehler im Alltag zum finanziellen Härtefall werden. Der Vertrag sollte eine Versicherungssumme von mindestens fünf Millionen Euro haben.

Obwohl jeder den Schutz einer Privathaftpflichtversicherung haben sollte, heißt das nicht, dass jeder eine eigene Versicherung für sich selbst abschließen muss. Kinder sind in der Regel bis zum Ende ihrer ersten Ausbildung über den Vertrag der Eltern geschützt, wenn diese eine private Haftpflichtversicherung haben. Wenn Sie also direkt nach dem Abitur mit dem Studium beginnen, wenn Sie eine erste Ausbildung in einem Betrieb machen oder wenn Sie direkt nach der betrieblichen Ausbildung ein weiterführendes Studium beginnen, dürfte der Schutz des Familienvertrags noch reichen. Dafür spielt es meist keine Rolle, ob Sie noch bei den Eltern wohnen oder bereits ausgezogen sind.

Allerdings ist es den jeweiligen Versicherern selbst überlassen, wie sie die Absicherung der erwachsenen Kinder über den Vertrag ihrer Eltern genau regeln. Deshalb sollten Sie zur Sicherheit beim Versicherer nachfragen, wie lange Sie sich auf den Schutz der Familienversicherung verlassen können. Gerade bei längeren Übergangsphasen zwischen einzelnen Ausbildungsabschnitten, wenn Sie an den Bachelor den Master anhängen oder wenn Ihr Studium rein gar nichts mit der vorherigen Ausbildung im Unternehmen zu tun hat, kann es sein, dass Sie einen eigenen Vertrag benötigen.

Wenn Sie selbst einen Vertrag abschließen, zum Beispiel weil Sie nach der Ausbildung erst noch ein Jahr im Unternehmen arbeiten, ehe Sie Ihr Studium aufnehmen, bieten die Versicherungsunternehmen häufig günstigere Tarifvarianten an als etwa für Familien. Es lohnt sich, nach einem „Single-Tarif" oder einem Angebot für „junge Leute" zu fragen. Den Haftpflichtschutz können Sie für weniger als 100 Euro im Jahr bekommen. Wenn Sie einen Vertrag abgeschlossen haben, erhalten Sie vom Versicherer den Versicherungsschein, die sogenannte Police, zugeschickt. Für Sie ist das die Bestätigung, dass Sie nun Versicherungsschutz haben.

Je nach Wohn- und Lebenssituation ist es wichtig, auf bestimmte Extras im Vertrag zu achten. Wenn Sie in ein Haus mit vielen Mietparteien ziehen, ist es zum Beispiel sinnvoll, wenn der Versicherer auch für den Verlust fremder privater Schlüssel aufkommt.

Schutz für diesen Notfall haben Haftpflichtkunden nicht unbedingt automatisch, sondern sie müssen das Extra zusätzlich vereinbaren. Gleich im Schutz integriert sind hingegen in der Regel die sogenannten Mietsachschäden. Ein Beispiel: Fällt Ihnen in Ihrer Wohnung der Föhn ins Waschbecken, sodass dieses einen Riss bekommt, ist ein solcher Mietsachschaden häufig mitversichert.

 INFORMATION

Welche Schäden werden übernommen?

Eine Garantie, dass alle Schäden, die im Alltag passieren können, übernommen werden, bietet die private Haftpflichtversicherung aber nicht. So sind zum Beispiel Schäden an gemieteten oder geliehenen Gegenständen meist vom Schutz ausgeschlossen. Ein Beispiel: Wenn Sie die Digitalkamera einer Freundin ausleihen und diese im Urlaub fallen lassen, muss Ihr Haftpflichtversicherer häufig nicht zahlen. Es gibt aber einige Anbieter, die trotzdem für Schäden an gemieteten Gegenständen aufkommen.

Fazit: Verzichten Sie auf keinen Fall auf die Haftpflichtversicherung! Schließen Sie einen eigenen Vertrag ab, wenn der Schutz der Eltern nicht mehr reicht oder diese keine Versicherung haben. Haben Ihre Eltern einen Vertrag, klären Sie, bis wann Sie mitversichert bleiben können. Die in Deutschland abgeschlossene Haftpflichtversicherung gilt in der Regel nicht nur in Deutschland, sondern beispielsweise auch während einer vierwöchigen Südamerikareise nach Ende der Ausbildung. Selbst bei einem mehrmonatigen Auslandspraktikum dürfte es noch keine

Probleme geben. Sicherheitshalber gilt aber auch hier: Bei einem längeren Auslandsaufenthalt sollten Sie mit dem Versicherer vorab klären, wann und unter welchen Voraussetzungen er zahlt.

Zusätzlicher Haftpflichtschutz

Die Privathaftpflichtversicherung bietet Schutz in vielen Lebensbereichen. Doch manchmal reicht sie nicht. Beispiel Haustiere: Es sind zwar Schäden abgesichert, die durch kleinere Haustiere wie Katzen oder Kaninchen verursacht werden. Wer sich allerdings einen Hund anschafft, sollte zusätzlich eine Tierhalter-Haftpflichtversicherung abschließen. Denn wenn etwa der Hund den Nachbarn beißt oder in der Nachbarwohnung Möbel beschädigt, zahlt die Privathaftpflichtversicherung in der Regel nicht. In manchen Bundesländern ist die Tierhalter-Haftpflicht für alle, die einen Hund halten, sogar Pflicht.

Zusätzlichen Haftpflichtschutz benötigen Sie außerdem, wenn Sie sich entscheiden, ein eigenes Auto zu kaufen. Die Kfz-Haftpflichtversicherung ist dann eine Pflichtversicherung, ohne die das Fahrzeug vom Straßenverkehrsamt nicht zugelassen wird. Der Versicherer springt ein, wenn Sie ein versichertes Auto benutzen und andere dabei schädigen. Er zahlt für die Schäden an fremden Fahrzeugen, aber auch für Schmerzensgeld und weitere Unfallfolgen. Für die Schäden an Ihrem eigenen Wagen und für die eigenen Verletzungen kommt er allerdings bei einem von Ihnen verursachten Unfall nicht auf.

Junge und ältere Fahrer haben aber das Problem, dass sie bei den Versicherungsunternehmen keine besonders beliebten Kunden sind und den Schutz für ein auf sie zugelassenes Auto teuer bezahlen müssen.

 INFORMATION

Preisnachlässe

Preisnachlässe können häufig diejenigen jungen Fahrer bekommen, die zum Beispiel schon mit 17 am begleiteten Fahren teilgenommen haben oder nachweisen können, dass sie immerhin schon Mofa gefahren sind. Wer einen eigenen Vertrag abschließt, sollte außerdem versuchen, bei dem Versicherer unterzukommen, bei dem auch bereits die Eltern Kunden sind. Auch das kann helfen, Beiträge zu sparen. Noch günstiger wird es allerdings in aller Regel, wenn das Auto als Zweitwagen der Eltern angemeldet ist und Sohn oder Tochter als berechtigte Fahrer eingetragen sind. Mit einem jungen Mitfahrer steigt für die Eltern zwar der Beitrag, doch er bleibt immer noch unter dem, den Fahranfänger selbst für eine eigene Kfz-Versicherung zahlen müssen.

Für einen zwölfjährigen Kleinwagen, der schon die eine oder andere Delle hat, reicht der Schutz der Kfz-Haftpflichtversicherung in der Regel problemlos aus. Für höherwertige Fahrzeuge ist es dagegen meist sinnvoll, zusätzlich eine Teil- oder eine Vollkaskoversicherung abzuschließen.

Wer sich einen Neuwagen anschafft, sollte unbedingt eine Vollkaskoversicherung, die auch immer eine Teilkaskoversicherung beinhaltet, haben. Der Extraschutz ist freiwillig und kostet extra. Mit Teilkaskoschutz zahlt der Versicherer zum Beispiel bei Diebstahl oder wenn das Auto bei einem nächtlichen Unfall mit einem Reh zusammenstößt. Fällt bei Sturm – es muss mindestens Windstärke acht vorliegen – ein Ast aufs Auto, zahlt die Versicherung auch. Wer sich für den Vollkaskoschutz entscheidet, hat die zuvor genannten Teilkaskoleistungen ebenfalls – und dazu Schutz für Schäden durch Vandalismus und für selbstverursachte Schäden am eigenen Fahrzeug.

Fazit: Die Haftpflichtversicherung für das Auto ist Pflicht. Ob Sie zusätzlichen Kaskoschutz brauchen, hängt vom Auto ab. Bei älteren Wagen können Sie oft darauf verzichten. Für neuere Autos sollten Sie die zusätzlichen Beiträge einplanen.

 INFORMATION

Selbst zahlen!

So ärgerlich es ist: Gerade bei kleinen Unfällen lohnt es sich häufig, den Schaden selbst zu zahlen und sich das Geld nicht vom Versicherer zurückzuholen. Denn wenn zum Beispiel der Vollkaskoversicherer nach einem Einpark-Missgeschick die Kosten für die Reparatur des eigenen Fahrzeugs übernimmt, müssen Sie im nächsten Jahr meist mit höheren Versicherungsbeiträgen rechnen. Diese zusätzlichen Beiträge können mehr kosten als die Reparatur selbst. Lassen Sie sich bei Ihrer Versicherungsgesellschaft ausrechnen, was für Sie günstiger ist. Bei Schäden aus der Teilkaskoversicherung wird der Beitrag allerdings nicht für den einzelnen Vertrag angehoben.

Was sinnvoll ist

Mit Haftpflicht- und Gesundheitsabsicherung ist der wichtigste Schutz, den jeder haben sollte, genannt. Zusätzlich haben die Versicherer viele weitere Angebote parat. Viele von diesen brauchen Sie nicht unbedingt, bei anderen lohnt es sich, darüber auch schon mit unter oder Anfang 20 nachzudenken. Denn je früher der Vertrag abgeschlossen wird, desto günstiger ist der Schutz. Wie Sie mit Versicherungen umgehen sollten, die zur Altersvorsorge angeboten werden, stellen wir ausführlich im Kapitel „Vorsorgen und Sparen" vor → Seite 135).

Berufsunfähigkeitsversicherung

Bestes Beispiel dafür, dass sich ein früher Vertragsabschluss auszahlen kann, ist die Berufsunfähigkeitsversicherung. Mit diesem Vertrag können Sie sich auch schon in Ausbildung oder Studium für den Fall schützen, dass Sie durch Krankheit, Unfall oder Invalidität nicht mehr in ihrem Beruf beziehungsweise in ihrem angestrebten Beruf arbeiten können.

Dieser zusätzliche Schutz ist gerade zu Beginn des Berufslebens besonders wichtig, um im Ernstfall, wenn Sie gar nicht mehr arbeiten können, zumindest eine sichere Einnahmequelle zu haben. Denn alle, die in den Beruf starten, haben einen Nachteil gegenüber Arbeitnehmerinnen und Arbeitnehmern, die schon mehrere Jahre im Beruf stehen: Sie haben zunächst keinen Anspruch auf eine gesetzliche Erwerbsminderungsrente, wenn sie aus gesundheitlichen Gründen nicht mehr arbeiten können.

Denn erst wenn angestellte Beschäftigte bereits mindestens fünf Jahre in die gesetzliche Rentenversicherung eingezahlt haben, haben sie Anspruch auf eine gesetzliche Erwerbsminderungsrente, wenn er nicht mehr arbeiten kann. Diese Erwerbsminde-

rungsrente allein reicht zum Leben zwar meist nicht aus, doch sie ist zumindest ein Anfang.

Immerhin haben seit einiger Zeit Auszubildende ab dem zweiten Pflichtbeitragsjahr Versicherungsschutz, auch auf Freizeitunfälle und Krankheiten. Studierende und alle Berufseinsteigerinnen und -einsteiger können auf diese Mindestabsicherung nicht hoffen, wenn sie bisher nur wenige Monate oder

 HINTERGRUND

Berufs- oder erwerbsunfähig – wo ist da der Unterschied? Ist jemand berufsunfähig, kann er seinen Beruf nicht mehr ausüben. Berufsunfähigkeit ist eine von einer Ärztin oder einem Arzt bestätigte, andauernde Beeinträchtigung der Berufsausübung aufgrund von Krankheit, Unfall oder Invalidität. Private Versicherer zahlen, wenn Sie Ihren Beruf nicht mehr zu mindestens 50 Prozent ausüben können. Volle Erwerbsminderung besteht, wenn jemand aufgrund einer Behinderung oder Krankheit auf nicht absehbare Zeit weniger als drei Stunden täglich unter den üblichen Bedingungen des allgemeinen Arbeitsmarkts arbeiten kann. Der erlernte Beruf spielt keine Rolle. Teilweise erwerbsgemindert ist jemand, der mehr als drei, aber weniger als sechs Stunden am Tag arbeiten kann.

noch gar nicht in die Rentenkasse eingezahlt haben. Damit bleibt für sie nur eine private Versicherung, wenn sie im Ernstfall nicht ganz ohne Geld dastehen wollen.

→ **TIPP**

Wenn Sie eine betriebliche Ausbildung absolvieren, lässt sich vergleichsweise einfach sagen, welche berufliche Tätigkeit Sie absichern wollen. Bei Studierenden ist das nicht immer so einfach möglich. Achten Sie darauf, dass der Versicherer bei Vertragsabschluss nach Ihrem Zielberuf fragt. Dann vermeiden Sie späteren Streit darüber.

Je früher Sie eine private Berufsunfähigkeitsversicherung abschließen, desto günstiger können Sie den Schutz bekommen. Die Versicherer stellen vor Vertragsabschluss Fragen zu Ihrem Gesundheitszustand, die Sie korrekt beantworten müssen. Zeigt sich bei diesen Fragen, dass Sie Vorerkrankungen wie beispielsweise eine schwere Knieverletzung oder Allergien haben, kann er Ihnen den Vertragsabschluss verweigern, die Leistung bei bestimmten Erkrankungen ausschließen oder zumindest höhere Beiträge verlangen, weil ihm das Risiko zu groß ist.

Die Stiftung Warentest hat im Sommer 2018 Tarife speziell für junge Leute untersucht. Dabei kam heraus, dass sich Studierende und Auszubildende, die sich für den

Günstige Einsteigertarife

„Für junge Leute in Ausbildung und Studium bieten einige Versicherer lohnende Einsteigertarife an", sagt **Elke Weidenbach, Versicherungsexpertin der Verbraucherzentrale Nordrhein-Westfalen.** „Diese Angebote sind in den ersten Jahren besonders günstig und damit auch bei niedrigem Verdienst finanzierbar. Der Beitrag steigt aber im Lauf der Jahre zum Teil deutlich an. So kann es sein, dass Sie im Lauf der gesamten Vertragslaufzeit bis zum Rentenbeginn insgesamt deutlich mehr Beiträge zahlen müssen als wenn Sie gleich mit dem Normaltarif einsteigen. Wenn Sie sich für die Starter-Angebote interessieren, fragen Sie am besten vorab, mit welchen Beitragssteigerungen Sie in den kommenden Jahren rechnen müssen."

Ernstfall eine Rente von 1000 Euro sichern wollen, sehr guten Schutz für Monatsbeiträge ab etwa 40 Euro bekommen können. Das ist nicht gerade günstig, wenn das Budget eher knapp ist. Eine Alternative wäre, zu Beginn eine niedrigere Rente zu vereinbaren. Dann sollten Sie darauf achten, welche Regelungen für eine sogenannte Nachversicherungsgarantie Ihr Vertrag enthält. Je nach Angebot haben Sie dann die Möglichkeit, zum Beispiel beim Wechsel Ihres Jobs, bei einer Hochzeit oder der Geburt eines Kindes die vereinbarte Rente zu erhöhen, ohne erneut die Gesundheitsfragen beantworten zu müssen. Selbst wenn Sie in der Zwischenzeit eine neue Verletzung oder schwere Krankheit hatten, kann der Versicherer dann nicht deshalb zusätzliche Beiträge von Ihnen verlangen.

Gerade bei den Vertragsbedingungen für eine Berufsunfähigkeitsversicherung sind enorme Unterschiede möglich. Deshalb sollten Sie nicht das erstbeste Angebot unterschreiben, sondern sich die Zeit nehmen, mehrere Tarife zu vergleichen.

→ **TIPP**

Mehr zum Thema können Sie im Ratgeber „Berufsunfähigkeit gezielt absichern" der Verbraucherzentrale auf ratgeber-verbraucherzentrale.de nachlesen. Die Verbraucherzentralen beraten Sie (kostenpflichtig) persönlich, telefonisch oder per E-Mail zu Versicherungen, auch zur Berufsunfähigkeitsversicherung. Mehr Informationen finden Sie unter verbraucherzentrale.de/beratung.

Fazit: Wenn es finanziell drin ist, sollten Sie die Berufsunfähigkeitsversicherung auch schon während der Ausbildung haben. Spätestens mit dem Einstieg in die „richtige" Arbeitswelt sollten Sie aber einen Vertrag abschließen.

→ **TIPP**

Sie haben selbst nicht die Möglichkeiten, um eine Berufsunfähigkeitsversicherung zu finanzieren? Wenn Ihre Eltern überlegen, wie sie Sie sinnvoll unterstützen können, wäre ein Zuschuss zur Berufsunfähigkeitsversicherung eine gute Sache.

Private Unfallversicherung

Deutlich günstiger als die Berufsunfähigkeitsversicherung ist eine private Unfallversicherung. Gute Verträge sind bereits ab etwa 100 Euro im Jahr zu haben. Im Vergleich zur Berufsunfähigkeitsversicherung hat die Unfallversicherung aber eine andere Zielrichtung: Sie zahlt, wie der Name schon sagt, für die Folgen von Unfällen, nicht aber für Beeinträchtigungen, zu denen es aufgrund einer Krankheit kommt. Deutlich breiteren Schutz für den Fall, dass Sie aufgrund einer Erkrankung nicht mehr arbeiten können, bietet somit die Berufsunfähigkeitsversicherung.

Trotzdem kann die private Unfallversicherung sinnvoll sein. Wer einen solchen Vertrag hat, ist zum Beispiel bei sämtlichen Freizeitaktivitäten von Inlineskaten über Schwimmen im Badesee bis hin zum Skifahren geschützt. Verletzt sich beispielsweise ein Versicherter bei einem Unfall so schwer, dass er auf Dauer körperlich beeinträchtigt ist, zahlt ihm der Versicherer eine vertraglich vereinbarte Summe oder je nach Angebot eine regelmäßige Rente aus. Wie hoch die Zahlungen sind, hängt auch davon ab, wie schwer die Unfallfolgen sind.

Für die Zeit am Arbeitsplatz oder in der Universität ist eine private Unfallversicherung aber oft entbehrlich. Denn im Hörsaal, im Büro oder auf dem direkten Weg dorthin gilt der Schutz der gesetzlichen Unfallversicherung. Ein weiteres Beispiel: Verletzt sich eine Studentin im Hörsaal bei einem Sturz schwer, würde die gesetzliche Unfallversicherung für die medizinische Behandlung und notwendige Reha-Maßnahmen aufkommen.

Fazit: Die Berufsunfähigkeitsversicherung sollte an erster Stelle stehen, doch wenn Sie sich diesen Vertrag nicht leisten können, deckt die Unfallversicherung zumindest ein Teilrisiko ab.

→ **TIPP**

Der Weg zur Arbeit oder zur Uni ist über die gesetzliche Unfallversicherung geschützt. Doch Vorsicht, wenn Sie einen Umweg machen und vor dem Seminar noch mal eben zum Bäcker gehen oder auf dem Weg von der Arbeit nach Hause bei einer Freundin vorbeischauen. Passiert dann etwas, kommt der gesetzliche Unfallversicherer nicht dafür auf. Die private Unfallversicherung zahlt unabhängig davon, ob im Job oder in der Freizeit etwas passiert.

Hausratversicherung

Der Auszug von zu Hause – muss da nicht eine Hausratversicherung her, die bei Einbruch oder Raub, bei Feuer, Sturm oder ausgetretenem Leitungswasser für Schäden an den Einrichtungsgegenständen aufkommt? Diese weitverbreitete Meinung stimmt nur bedingt. Denn wer beispielsweise in einer WG oder im Zimmer des Studierendenwohnheims nur die notwendigsten Möbel und Einrichtungsgegenstände hat, braucht diese Versicherung noch nicht. Der Schaden dürfte sich in Grenzen halten, wenn beispielsweise Ihre Waschmaschine ausläuft und Wasser Teppiche oder Ihr Regal beschädigt.

Hat Ihre Einrichtung einen höheren Wert, etwa weil Sie einen Flachbildfernseher, Tablet und Musikanlage in der Wohnung haben, lohnt sich der Hausratschutz. Bei Diebstahl oder kompletter Zerstörung ersetzt der Versicherer Ihnen den Neuwert oder er zahlt für die Reparatur, wenn Sie die Einrichtung oder Geräte danach weiter nutzen können.

Der Preis für die Versicherung richtet sich nach dem Wert der Einrichtung und dem Wohnort. Den Wohnort wollen die Versicherer wissen, weil sie mithilfe von Einbruchstatistiken ermitteln, wie hoch das Risiko für sie ist. Bevor Sie eine eigene Hausratversicherung abschließen, sollten Sie aber erneut erst mit dem Versicherer Ihrer Eltern sprechen. Denn selbst wenn Sie bereits ausgezogen sind, kann es sein, dass der Schutz der Familienversicherung für Sie weiterhin ausreicht. Ein Beispiel: Verbringen Sie die Zeit von Montag bis Freitagmittag im Studentenwohnheim oder in Ihrer WG, haben Sie aber Ihr Zimmer und auch den eigentlichen Lebensmittelpunkt noch im Haus der Eltern, besteht bei vielen Versicherern die Möglichkeit, das Studentenzimmer über deren Vertrag mit abzusichern. Häufig bieten die Versicherer an, den Auszubildenden-Hausrat mit zehn Prozent der Versicherungssumme der Eltern zu schützen. Wenn also die Einrichtung im Elternhaus mit 80.000 Euro versichert ist, wäre der Hausrat im WG-Zimmer mit 8.000 Euro abgesichert. In der Regel begrenzen die Hausratversicherer diese Außenversicherung aber auf 10.000 Euro.

→ **TIPP**

Die Hausratversicherung kann auch auf Urlaubsreisen Schutz bieten, wenn etwa der Rucksack aus dem verschlossenen Hotelzimmer gestohlen wird oder wenn Reisende auf offener Straße überfallen werden. Der Versicherer will dann allerdings einen Bericht von der Polizei sehen, der bestätigt, dass das Geschehene angezeigt wurde.

Nachts eventuell kein optimaler Schutz

„Wird das Fahrrad aus der verschlossenen Wohnung oder aus dem abgeschlossenen Kellerraum nach einem Einbruch gestohlen, zahlt die Hausratversicherung dafür", sagt **Elke Weidenbach, Versicherungsexpertin der Verbraucherzentrale Nordrhein-Westfalen.** „Wollen Sie sicherstellen, dass Sie auch Ersatz bekommen, wenn es zum Beispiel am Tag vor der Haustür gestohlen wird, müssen Sie dieses Extra bei vielen Tarifen durch den Einschluss der ‚Fahrradklausel' zusätzlich abschließen. Achten Sie dabei aber genau auf die Klauseln: Viele Versicherer zahlen bei einem Diebstahl zwischen 22 Uhr abends und 6 Uhr morgens nur, wenn das abgeschlossene Fahrrad noch in Gebrauch war, wenn Sie es also beispielsweise während eines Restaurant- oder Kinobesuchs abgestellt hatten. Kein Schutz besteht für das abgeschlossene Fahrrad, wenn es vor der eigenen Haustür zwischen 22 Uhr und 6 Uhr gestohlen wird."

Klären Sie, ob der Schutz einer bestehenden oder einer neuen Hausratversicherung wirklich zu Ihrer Einrichtung passt. In Wohnungen mit vielen technischen Geräten bedeutet das zum Beispiel, dass Überspannungsschä-

den ausreichend hoch geschützt sein sollten. Wenn der Blitz in die Stromleitungen einschlägt und dadurch die eigenen Geräte lahmgelegt werden, springt der Versicherer ein.

Je nach Tarif kann es aber sein, dass dieser Schutz nicht immer mit drin ist oder nicht hoch genug ist. Dann sollten Sie ihn mit abschließen oder aufstocken.

Ähnlich ist es, wenn Sie Ihr Fahrrad absichern wollen. Klären Sie ob und bis zu welcher Höhe Sie Versicherungsschutz für Ihr Fahrrad haben.

Fazit: Sparen Sie sich die Beiträge für eine eigene Hausratversicherung – wenn Ihre Einrichtung noch spärlich ist oder wenn Sie noch über Ihre Eltern versichert bleiben können.

Wer einen eigenen Vertrag braucht, sollte sich um passenden Schutz kümmern, damit die wirklich wichtigen Dinge wie Notebook oder Fahrrad gut genug geschützt sind.

Rechtsschutzversicherung

Wertvoll kann der Rat eines Rechtsanwalts sein, wenn Sie mit anderen Verkehrsteilnehmern, Ihrem Vermieter oder Arbeitgeber streiten. Trotzdem sollten Sie ein Angebot für eine Rechtsschutzversicherung, die für Anwaltskosten aufkommt, gut prüfen. Brauchen Sie den Schutz wirklich?

Für alle, die zum Beispiel häufig mit dem Auto unterwegs sind, ist Verkehrsrechtsschutz sehr zu empfehlen. Dann können sie sich auf Kosten des Versicherers etwa nach einem Unfall Hilfe beim Anwalt holen. Auch hier reicht aber unter Umständen die Rechtsschutzversicherung der Eltern aus, sodass ein eigener Vertrag nicht notwendig ist.

Rechtsschutzversicherer bieten weiteren Schutz an, beispielsweise wenn es Streit mit dem Vermieter gibt. Doch es gibt oft günstigere Alternativen. Sie können als Mitglied in einem Mieterverein oder auch bei der Verbraucherzentrale Rechtsexperten ansprechen, die Ihnen weiterhelfen. Auszubildende im Betrieb können sich bei arbeitsrechtlichen Problemen an ihren Betriebsrat oder auch die Gewerkschaften wenden, anstatt gleich Versicherungsbeiträge für Arbeitsrechtsschutz zu zahlen.

Fazit: Die Rechtsschutzversicherung ist nicht so wichtig wie Haftpflicht- oder Berufsunfähigkeitsschutz. Als Auto- oder Radfahrer kann sich aber der Verkehrsrechtsschutz lohnen.

 INFORMATION

Fahrradversicherung

Wer ein teures Fahrrad hat, denkt vielleicht auch über eine spezielle Fahrradversicherung nach. Die benötigen Sie aber nur, wenn das Rad über die Hausratversicherung nicht hoch genug abgesichert ist. Achten Sie aber vor Abschluss der Fahrradversicherung darauf, unter welchen Bedingungen der Versicherer überhaupt bei Diebstahl oder Zerstörung des Rades zahlt.

Was Sie sich meist sparen können

Das haben Sie vermutlich bereits selbst erlebt: Sie erwerben ein neues Smartphone oder Tablet und überlegen, ob Sie das Gerät versichern sollen – Diebstahlschutz wäre doch wichtig, und was, wenn das Telefon auf den Boden fällt und kaputtgeht?

Natürlich ist es ärgerlich, wenn die teuer bezahlten Stücke kaputt gehen oder gestohlen werden. Trotzdem sollten Sie keine Versicherung für bestimmte Einzelprodukte abschließen, die vor den Folgen von Diebstahl oder Beschädigung schützt. Das Preis-Leistungs-Verhältnis stimmt bei diesen Versicherungen meistens nicht.

Günstiger ist es, selbst etwas Geld zum Beispiel auf einem Tagesgeldkonto zur Seite zu legen, um wenn nötig eine Reparatur aus eigener Tasche bezahlen zu können. Außerdem ist nicht garantiert, dass die Versicherung tatsächlich immer dann zahlt, wenn man es sich wünscht. Wird ein Notebook gestohlen, weigert sich der Versicherer womöglich, komplett für den Verlust zu zahlen, wenn er dem Kunden vorwerfen kann, dass er nicht gut genug auf sein Gerät aufgepasst hat.

Ähnlich ist es mit einer Reisegepäckversicherung. Auch dieser Vertrag, der Schutz bei Diebstahl oder Beschädigung von Urlaubsutensilien bietet, ist meistens überflüssig.

Zum einen sind die Vertragsbedingungen häufig sehr streng, sodass es nicht leicht ist, bei Diebstahl tatsächlich Ersatz zu bekommen. Zum anderen ist Ihr Reisegepäck zumindest bei Reisen bis zu drei Monaten bereits geschützt, wenn Sie eine Hausratversicherung in Deutschland haben – zumindest bei einem Einbruchdiebstahl aus dem Hotelzimmer. Sinnvoll könnte der Schutz eventuell aber bei Busreisen sein. Denn in dem Fall hätten Sie über die Hausratversicherung keinen Schutz während der Fahrt.

Früh an später denken:
Sparen und Vorsorgen

Umfragen bestätigen es: Viele Studierende und Auszubildende nutzen die Chance, regelmäßig Geld zur Seite zu legen, auch wenn das Budget knapp ist. Ein erstes Sparziel sollte ein Notfallpolster sein.

Zugegeben: Wenn Sie mit Ihrem Ausbildungsgehalt so gerade über die Runden kommen oder wenn BAföG und der Verdienst aus dem Nebenjob immer zum Monatsende knapp werden, erscheint der Gedanke ans Sparen abwegig. Wie soll das gehen, womöglich nicht nur ab und zu sondern sogar regelmäßig ein bisschen Geld zur Seite zu legen?

Andererseits: Vielleicht bleibt doch ab und zu etwas übrig, was Sie nicht gleich ausgeben müssen, zum Beispiel eine Sonderzahlung von der Firma, eine Geburtstagsüberweisung vom Patenonkel oder sogar eine etwas größere Summe, die die Großeltern hinterlassen haben. Oder Sie haben die Steuererklärung gemacht und das Finanzamt hat Ihnen die Lohnsteuer erstattet, die Ihr Arbeitgeber im letzten Jahr von Ihrem Gehalt abgezweigt hat → „Das eigene Gehalt – brutto und netto", Seite 39.

Dass Studierende und Auszubildende zum Teil sehr regelmäßig sparen, bestätigt die Jugendstudie 2018, die das Marktforschungsinstitut GfK im Auftrag des Bankenverbands unternommen hat. Sie zeigt, dass die 18- bis 20-Jährigen nach eigener Einschätzung im Schnitt knapp 240 Euro im Monat sparen, die 21- bis 24-Jährigen 216 Euro monatlich.

Je früher Sie mit dem Sparen für einen späteren Zeitpunkt beginnen, desto mehr profitieren Sie vom Zinseszinseffekt. Doch wofür sollten Auszubildende und Studierende sparen? Gleich fürs Alter? In den Medien heißt es schließlich immer, die Altersvorsorge ist so wichtig, die gesetzliche Rente allein wird zum Leben nicht reichen.

Das Geld in die Altersvorsorge zu stecken, erscheint vernünftig, aber je nach individueller Situation wird es andere Sparziele geben, die Vorrang haben: Gerade dann, wenn das Budget knapp ist, sollten Sie zunächst schauen, dass Sie hier und jetzt zurechtkommen. Ein erstes Sparziel sollte ein kurzfristig verfügbares Notfallpolster sein. Was ist, wenn Ihr Computer kurzfristig repariert werden muss, weil Sie Ihre Seminararbeit in wenigen Tagen fertiggestellt haben müssen? Was ist, wenn der Auspuff Ihres Autos abfällt und die Werkstatt ankündigt, dass weitere Reparaturen nötig sind? Vielleicht können in der Situation die Eltern einspringen und zumindest etwas vorstrecken. Doch das klappt längst nicht immer. Deshalb sollten Sie sich eine Notfallrücklage aufbauen.

Es gibt weitere kurz- bis mittelfristige Sparziele, auf die Sie zunächst hinarbeiten können – zum Beispiel das eigene Auto, Geld für Möbel und die erste eigene Wohnungsausstattung oder auch für einen längeren Auslandsaufenthalt. Vielleicht spukt auch schon in Ihrem Kopf der Gedanke umher, irgendwann in zehn oder 15 Jahren ein eigenes Haus zu haben. Allein diese Übersicht zeigt, dass es sich lohnt, Geld für die kleinen oder auch größeren Wünsche auf die Seite zu legen.

Kurz- und mittelfristig Geld anlegen

Sie haben jeden Monat zum Beispiel 20 oder 50 Euro übrig? Es ist besser, nicht Ihre gesamten Ersparnisse auf dem Girokonto liegen zu lassen, sondern separat aufzubewahren. Eine bequeme und gleichzeitig flexible Möglichkeit bietet dafür das sogenannte **Tagesgeldkonto,** bei dem Sie auch noch – derzeit zwar eher mäßige – Zinsen für Ihr Geld bekommen. Ein Tagesgeldkonto ist bei vielen Banken kostenlos. Einige Banken verlangen allerdings eine Mindestsumme, die bei Kontoeröffnung eingezahlt werden muss. Fragen Sie bei Ihrer Girokonto-Bank nach, ob Sie dort auch ein Tagesgeldkonto bekommen. Sie können aber auch zu einer anderen Bank gehen, die Ihnen eventuell mehr Zinsen zahlt. Gute Konditionen bieten häufig Direktbanken, die überwiegend über das Internet aktiv sind. Mehr zum Notfallpolster lesen Sie auch unter „Finanzen im Griff", → Seite 14.

Mehrere Lösungen für sichere Zinsen

Ein weiteres bekanntes Beispiel für eine sichere Geldanlage ist das gute alte **Spar-**

buch, das Sie vielleicht als Kind jedes Jahr wieder am Weltspartag zur Bank getragen haben, um sich die Zinsen eintragen zu lassen. Geld, das auf einem Sparbuch liegt, ist zwar sicher; im Vergleich zu anderen Geldanlagen bringt diese Anlageform allerdings nur magere Zinsen, und sie ist auch nicht so flexibel wie etwa ein Tagesgeldkonto, da Sie nicht von einem Tag auf den anderen an Ihr gesamtes Geld kommen. In der Regel gilt eine Kündigungsfrist von drei Monaten. Wollen Sie vorher an Ihr komplettes Erspartes, müssen Sie dafür bezahlen. Aber Verfügungen bis zu 2.000 Euro monatlich sind ohne Kündigung und ohne Vorschusszinsen möglich.

Höhere Zinsen erhalten Sie mit einem **Festgeldkonto.** Hier legen Sie vor Beginn des Sparens fest, wie lange Sie Ihr Geld anlegen – zum Beispiel 30, 90 oder 180 Tage. In dieser Zeit kassieren Sie den Zinssatz, der bei Vertragsabschluss vereinbart wurde. Der Haken: Vor Ablauf der festgelegten Anlagedauer kommen Sie nicht an Ihr Geld heran. Hier sollten Sie also nur Geld anlegen, bei dem Sie sicher wissen, dass Sie es zum Beispiel in den nächsten drei Monaten nicht benötigen.

→ **TIPP**

Die Stiftung Warentest vergleicht regelmäßig Zinsangebote. Sie finden die jeweils aktuellsten Angebote unter test.de, Stichwort: Tages- und Festgeld.

Sparen nach Plan

Wenn Sie jeden Monat 30 oder 50 Euro von Ihrem Gehalt übrig haben oder auf eine regelmäßige Zahlung Ihrer Patentante setzen, kommt auch ein **Banksparplan** für Sie infrage. Hier zahlen Sie regelmäßig eine Summe ein, die dann sicher angelegt ist. Hohe Zinsen erwirtschaften Sie damit zwar nicht unbedingt, doch auf Dauer profitieren

 BEISPIEL

Wegen des Zinseszinseffektes macht sich frühes Sparen auch in Zeiten niedriger Zinsen bezahlt. Wenn Sie zum Beispiel ab dem 20. Geburtstag 20 Jahre lang jeden Monat 50 Euro zu einem Zinssatz von 1,5 Prozent zur Seite legen, haben Sie zum 40. Geburtstag insgesamt 12.000 Euro eingezahlt und Ihr Endguthaben beträgt inklusive Zinseszins 13.986 Euro – also knapp 2000 Euro mehr, als eingezahlt wurde. Zum Vergleich: Wenn Sie erst ab dem 30. Geburtstag, aber dafür jeden Monat 100 Euro zum selben Zinssatz anlegen, haben Sie mit 40 ebenfalls 12.000 Euro eingezahlt, aber nur ein Endguthaben inklusive Zinseszins von 12.947 Euro angespart. Hier haben Sie rund 1000 Euro weniger Zinsen bei gleicher Einzahlungssumme erreicht.

Sie immerhin vom Zinseszinseffekt, das bedeutet: Die Zinsen werden Ihrem Guthaben zugefügt und alles wird aufs Neue wieder verzinst. Wenn Sie einen solchen Sparplan abschließen, achten Sie am besten darauf, ob Sie bei der Bank die Möglichkeit haben, zwischenzeitlich die Einzahlungen zu erhöhen oder auch mit den Zahlungen auszusetzen, etwa wenn Sie die eigentlich zum Sparen gedachten 50 Euro dringend für die Fahrradreparatur benötigen.

Perspektive Eigenheim

Für das sichere Sparen kommt auch – obwohl es „altbacken" erscheinen mag – ein **Bausparvertrag** infrage. Bausparverträge funktionieren so, dass Sie für das dort eingezahlte Geld einen festen Zinssatz erhalten. Wenn Sie irgendwann vorhaben, ein Haus zu bauen oder eine kleine Wohnung zu kaufen und dafür Geld leihen müssen, können Sie über den Bausparvertrag außerdem ein günstiges Darlehen bekommen – zum Zinssatz, der bei Vertragsabschluss festgelegt wurde.

Sparen mithilfe des Chefs

Bausparverträge werden umso interessanter, wenn Sie **vermögenswirksame Leistungen** (VL) ansparen. VL heißt, dass Sie beim Sparen von Ihrem Arbeitgeber unterstützt werden und eventuell auch vom Staat. Voraussetzung ist, dass Sie die vermögenswirksamen Leistungen, die Sie vom Arbeitgeber bekommen, in einen VL-Sparplan einzahlen – zum Beispiel in einen Bausparvertrag, einen Aktienfonds- oder Banksparplan.

Ob Sie Anspruch auf VL haben, ist je nach Tarifvertrag der Branche, in der Sie arbeiten, oder je nach Betriebsvereinbarung zwischen Ihrem Arbeitgeber und den Beschäftigten festgelegt. Manche Tarifverträge sehen zum Beispiel vor, dass die VL nur gezahlt werden, wenn sie in die Altersvorsorge fließen, das heißt dann AVWL. Im Tarifvertrag ist auch geregelt, wie viel Ihr Chef zahlen muss. Je nach Branche können Angestellte bis zu 40 Euro monatlich als Geschenk vom Arbeitgeber erhalten.

Bei niedrigem Einkommen gibt es allerdings nicht nur Geld vom Chef, sondern auch der Staat gibt etwas dazu. Das ist die sogenannte **Arbeitnehmersparzulage.** Diese bekommen Sie aber nur, wenn Sie sich beim VL-Sparen für einen Bausparvertrag, die Tilgung eines Baukredits oder für einen Aktienfonds entscheiden. Schließen Sie zum Beispiel einen Bausparvertrag ab und liegt Ihr Einkommen bei höchstens 17.900 Euro im Jahr, ist eine Arbeitnehmersparzulage von neun Prozent auf maximale Einzahlungen von 470 Euro, also bis zu 43 Euro jährlich möglich.

Und eine noch höhere Prämie, nämlich 20 Prozent auf maximale Einzahlungen von 400 Euro jährlich, wenn die VL in einen Aktienfondssparplan geht. Hier gelten auch andere Einkommensgrenzen, Sie dürfen maximal 20.000 Euro im Jahr verdienen. Es gilt immer das zu versteuernde Einkommen.

Entscheiden Sie sich für einen Bausparvertrag, können Sie zusätzlich noch eine weitere Förderung bekommen, die **Wohnungsbauprämie.** Sie gibt es übrigens nicht nur für VL, sondern auch für private Einzahlungen. Einen Vorteil haben Sie, wenn Sie beim Abschluss unter 25 sind und es sich um den ersten geförderten Bausparvertrag Ihres Lebens handelt, denn dann bekommen Sie die Wohnungsbauprämie zur freien Verwendung. Ansonsten ist die Prämie an den Nachweis einer wohnwirtschaftlichen Verwendung gebunden. Als Prämie erhalten Sie bei einem Bausparvertrag noch einmal 8,8 Prozent auf maximale Einzahlungen von 512 Euro, also bis zu 45 Euro jährlich hinzu, wenn Ihr zu versteuerndes Einkommen bei höchstens 25.600 Euro im Jahr liegt. Solange Sie noch in der Ausbildung sind oder neben der Uni arbeiten, dürften die allermeisten unter diesen Grenzen bleiben. Die Wohnungsbauprämie können Sie sogar dann kassieren, wenn Sie

Ihren Vertrag später gar nicht für den Bau oder Kauf einer Immobilie nutzen wollen, sondern nur zum Sparen dort einzahlen.

Anlegen mit mehr Risiko

Ein Prozent Zinsen, vielleicht noch etwas weniger? Das, was die Banken im Moment für Tagesgeldkonten oder andere sichere Geldanlagen zahlen, ist nicht verlockend. Ist nicht noch mehr möglich, fragen Sie sich nun

Sicherheit an erster Stelle

„Solange das eigene Budget knapp ist, ist der Faktor Sicherheit bei der Geldanlage besonders wichtig", sagt **Thomas Hentschel, Finanzexperte bei der Verbraucherzentrale Nordrhein-Westfalen:** „Auch wenn die Zinsen derzeit nicht attraktiv sind. Für Anlagen mit mehr Risiko sollten Sie sich nur entscheiden, wenn Sie Geld übrig haben, das Sie auf lange Sicht nicht benötigen. Anders als ein Tagesgeldkonto eignen sich zum Beispiel Fondsanteile nicht als kurzfristig verfügbares Notfallpolster, denn es wäre ungünstig, wenn Sie bei einem finanziellen Engpass kurzfristig Ihre Anteile genau dann verkaufen müssen, wenn sie gerade an Wert verloren haben."

 HINTERGRUND

Für VL, die Arbeitnehmersparzulage und die Wohnungsbauprämie gilt eine Sperrfrist von sieben Jahren. Erst danach können Sie in der Regel über das angesparte Vermögen verfügen.

vielleicht? Es gibt tatsächlich viele Möglichkeiten, höhere Renditen mit seinem Geld zu erzielen, zum Beispiel mit Aktien oder einem Aktienfonds. Doch diese besseren Chancen haben Ihren Preis: Sie gehen ein deutlich höheres Risiko ein, wenn Sie in Wertpapiere investieren und Ihr Geld nicht in sichere Sparanlagen stecken.

Ein typisches Beispiel für Geldanlagen mit Risiko sind Aktien, also Anteilsscheine an einem einzelnen Konzern. Geringer ist das Risiko, wenn Ihr Geld nicht in eine einzelne Aktiengesellschaft fließt, sondern in einen **Aktienfonds.** „Fonds" bedeutet, dass Sie zusammen mit vielen anderen Geld in einen Topf einzahlen und mit dem Geld dann beispielsweise Anteile an vielen verschiedenen Aktiengesellschaften erworben werden. Der oder dem Einzelnen gehört damit ein kleiner Bruchteil am Gesamtvermögen. Das klingt erstmal gut, solange die jeweiligen Unternehmen erfolgreich sind. Doch verlieren die Firmenanteile an Wert, verlieren auch die Anteile an dem Fonds an Wert. Auch mit einem Investment in einen Aktienfonds sind somit Verluste möglich.

Dieses Risiko sollten Sie vor Augen haben, wenn Ihnen in der Bank zum Beispiel angeboten wird, jeden Monat eine Summe in einen Aktienfondssparplan einzuzahlen. Entscheiden Sie sich nur dafür, wenn Sie im Notfall auf andere Ersparnisse zurückgreifen können und das in Fonds investierte Geld voraussichtlich für die nächsten zehn oder 15 Jahre nicht benötigen.

Gerade für diejenigen, die damit anfangen, an der Börse Geld anzulegen, eignen sich am besten Indexfonds, die sogenannten **„Exchange Traded Funds",** kurz **ETF,** für die langfristige Geldanlage. Sie sind bequem und meist auch kostengünstig zu haben. Um das Risiko Ihrer Geldanlage möglichst gering zu halten, sollten Sie einen Fonds auf einem Index wählen, durch den das Geld möglichst breit – am besten weltweit – gestreut wird. Dafür eignet sich zum Beispiel ein Fonds auf den MSCI World.

 HINTERGRUND

Die börsengehandelten Indexfonds, ETF, bilden in der Regel einen Index ab. In Deutschland ist der DAX der wohl bekannteste Index. Er misst die Wertentwicklung der 30 größten Aktiengesellschaften am deutschen Markt. Ein Indexfonds auf den Dax kopiert den Verlauf der Aktien dieser Unternehmen. Es gibt aber auch weltweite Indices wie den „MSCI World". ETF funktionieren ganz anders als die sogenannten „aktiv gemanagten Fonds". Hier gibt es einen Fondsmanager, der aktiv die Anlagen auswählt, in die das Geld der Investoren fließen soll.

Fondsauswahl gut überlegen

„Wenn Sie auf lange Sicht Geld übrig haben, ist die Investition in Indexfonds, die sogenannten ETF, eine bequeme und auch günstige Art der Geldanlage", sagt **Thomas Hentschel, Finanzexperte der Verbraucherzentrale Nordrhein-Westfalen.** „Achten Sie aber unbedingt darauf, dass Sie einen Fonds wählen, der weltweit in Unternehmen investiert, also sehr breit aufgestellt ist. Dann ist das Risiko, Verluste zu machen, geringer, als wenn Sie sich beispielsweise für einen Fonds entscheiden, der nur in Unternehmen eines Landes oder einer Branche investiert."

Sie können einmalig eine bestimmte Summe in den Fonds einzahlen. Oder Sie wählen alternativ einen Sparplan, in den Sie beispielsweise monatlich 25 oder 50 Euro einzahlen.

→ TIPP

Welcher Fonds ist gut, welcher ist schlecht? Das Angebot ist enorm. Die Stiftung Warentest untersucht regelmäßig ETF und auch aktiv gemanagte Fonds. Ergebnisse finden Sie unter test.de/fonds.

Um Ihr Geld auf diese Weise anzulegen, benötigen Sie zunächst einmal ein Wertpapierdepot. Am günstigsten dürften Sie das bei einer Direktbank bekommen, die im Internet aktiv ist. Dorthin überweisen Sie Geld von Ihrem Girokonto, damit Sie dann anschließend die Fondsanteile erwerben können.

Schon früh an die Rente denken

Ihr Girokonto ist ausgeglichen, und Sie haben ein Notfallpolster auf einem Tagesgeldkonto?

 HINTERGRUND

Mit privater Altersvorsorge ergänzen Sie die Leistungen aus der gesetzlichen Rentenversicherung, auf die Sie im Alter Anspruch haben werden. Auch wenn Sie jetzt um die 20 sind, dürfte die gesetzliche Rente auch für Sie im Alter ein entscheidender Bestandteil für Ihre finanzielle Absicherung sein. Mit ihrer Berufstätigkeit sorgen Sie selbst dafür, dass Sie Rentenansprüche erwerben. Denn für Ihren Verdienst fließen automatisch Beiträge an die gesetzliche Rentenkasse. Das Prinzip dahinter: Je mehr Sie verdienen und je mehr Rentenbeiträge dementsprechend fließen, desto höher wird die Rente letztlich ausfallen.

Dann kann der nächste Gedanke in Sachen Sparen auch in Richtung private Altersvorsorge gehen. Private Altersvorsorge ist unbedingt sinnvoll, denn die gesetzliche Rente allein wird im Alter nicht reichen, um davon den bisherigen Lebensstandard zu halten. Allerdings sollten Sie versuchen, bei Ihren Vorsorgeaktivitäten so flexibel wie möglich zu bleiben. Schließlich kann es gut sein, dass Sie in fünf Jahren doch Geld für ein eigenes Auto zusammen haben wollen oder zwischen Bachelor und Master ein Auslandsjahr einschieben wollen. Wer weiß? Deshalb ist es sinnvoll, nicht frühzeitig all Ihre finanziellen Mittel in lang laufende Vorsorgeverträge zu stecken.

Riester: Vorsorgen mit staatlicher Unterstützung

Eine Möglichkeit, um mit wenig eigenen Mitteln für später vorzusorgen, ist ein Riester-Vertrag. Zugegeben: Auch hier binden Sie sich für eine lange Zeit an einen Vorsorgevertrag, allerdings können Sie unter bestimmten Bedingungen vorzeitig an Ihr Geld heran, etwa um das Angesparte für eine eigene Immobilie zu nutzen. Außerdem können Sie zur Not die Einzahlungen in den Riester-Vertrag aussetzen. Und der große Vorteil: Sie erhalten vom Staat finanzielle Unterstützung bei der Vorsorge. Anspruch auf die staatliche Förderung haben Sie unter anderem, wenn Sie eine betriebliche Ausbildung machen oder wenn Sie neben der Uni eine sozialver-

→ **TIPP**

Wenn Sie bei Vertragsabschluss noch keine 25 Jahre alt sind, erhalten Sie zusätzlich zur Grundzulage einmalig 200 Euro geschenkt. Sobald Sie Kinder haben, kommen weitere Zulagen hinzu – bis zu 300 Euro pro Kind. Je nach Einkommen können Riester-Sparer eventuell auch noch von Steuervorteilen profitieren. Bei niedrigem Ausbildungsgehalt dürfte das aber noch nicht der Fall sein.

sicherungspflichtige Beschäftigung haben – also regelmäßig auch Beiträge an die Rentenversicherung fließen. Wenn Sie dagegen nur eine geringfügige Beschäftigung neben der Uni haben und nur der Arbeitgeber für Ihren Verdienst bis 450 Euro pauschal Rentenversicherungsbeiträge überweist, können Sie nicht „riestern". Wenn Sie allerdings über einen Minijob die Rentenbeiträge Ihres Arbeitgebers aus eigenen Mitteln aufstocken, können Sie auch die Förderung bekommen.

Sie erhalten 175 Euro Grundzulage pro Jahr, wenn einschließlich Zulage vier Prozent Ihres Bruttoeinkommens aus dem Vorjahr in Ihren Riester-Vertrag fließen. Wird weniger gespart, wird die Zulage anteilig gekürzt. Gerade für Auszubildende oder alle mit einem niedrigen Einkommen aus rentenversicherungspflichtigen Nebenjobs reichen daher schon geringe Eigenbeiträge, um die volle Förderung zu kassieren. Und ist die erforderliche Gesamtsparleistung ganz oder teilweise bereits durch die Zulage erfüllt, müssen Sie selbst nur 60 Euro im Jahr einzahlen.

 BEISPIEL

Janine macht eine kaufmännische Ausbildung und hat im Jahr 2018 alles in allem 10.800 Euro brutto verdient. Um für 2019 die volle Riester-Zulage zu bekommen, müssen 432 Euro auf ihrem Riester-Konto eingehen (4 Prozent von 10.800 Euro). Wenn sie selbst 257 Euro einzahlt, erhält sie somit die vollen 175 Euro vom Staat geschenkt. Umgerechnet bedeutet das: Wenn Janine jeden Monat 21 Euro auf die Seite legt und in den Riester-Vertrag investiert, erhält sie die volle Unterstützung vom Staat. Theoretisch könnte sie bis zu 2.100 Euro im Jahr in den Riester-Vertrag investieren.

Wollen Sie riestern, kommen verschiedene Vertragsarten infrage. Am weitaus häufigsten wurden in den vergangenen Jahren Riester-Rentenversicherungen verkauft – also Verträge bei einem Versicherungsunternehmen, das dann das Geld der Kunden sicher anlegt, um ihnen daraus im Alter eine lebenslange Rente zu zahlen.

Gerade wenn Sie noch sehr jung sind, ist eine solche Versicherung allerdings nicht die beste Wahl. Die Renditen, die Sie mit einer solchen Versicherung sicher erzielen, sind in den vergangenen Jahren deutlich gesunken. Außerdem sind mit dem Vertragsabschluss meist enorme Kosten verbunden. Günstiger ist zum Beispiel der Abschluss eines Riester-Fondssparplans. Dann fließen Ihre Beiträge in Investmentfonds, die eine deutlich höhere Rendite bringen können. Damit ist zwar ein gewisses Anlagerisiko verbunden, doch gerade wenn Sie noch viele Jahre Zeit bis zur Rente haben, können Sie diesen Weg durchaus einschlagen. Zumal Ihnen – selbst bei schlechter Lage an den Börsen – zu Rentenbeginn zumindest Ihre im Lauf der Jahre geleisteten Beiträge sowie die staatlichen Zulagen sicher sind.

→ TIPP

Wenn Sie sich gut vorstellen können, irgendwann Geld in eine eigene Immobilie zu investieren, kann ein staatlich geförderter Bausparvertrag infrage kommen. Dann sparen Sie schon heute mit staatlicher Unterstützung ein Polster für den Kauf oder Bau einer Immobilie an und sichern sich zudem den Anspruch auf ein günstiges Immobiliendarlehen.

Über den Arbeitgeber für später vorsorgen

Eine Alternative, um mit staatlicher Unterstützung für das Alter zu sparen, kann die betriebliche Altersvorsorge sein. Sie kommt infrage, wenn Sie angestellt beschäftigt sind. Dann können Sie Ihren Arbeitgeber beauftragen, dass er einen Teil von Ihrem Gehalt abzweigt und für das Alter anlegt, zum Beispiel in einen Pensionsfonds oder in eine Direktversicherung. Der Clou: Der Vorsorgebeitrag wird von Ihrem Bruttolohn abgezweigt, sodass Sie dafür keine Steuern und Sozialabgaben zahlen müssen.

Im Vergleich zur Riester-Rente hat die betriebliche Vorsorge allerdings einen Nachteil: Sie sind weniger flexibel, Sie kommen tatsächlich erst zum Rentenbeginn an Ihr im Vertrag angespartes Geld heran. Es ist anders als bei Riester-Verträgen nicht möglich, beispielsweise für den Kauf einer eigenen Wohnung Geld zu entnehmen. Trotzdem können sich Einzahlungen in eine betriebliche Vorsorge lohnen. Wenn Sie einen solchen Vertrag neu abschließen, ist der Arbeitgeber seit Anfang dieses Jahres (also 2019) verpflichtet, einen Teil beizusteuern. Ab 2022 gilt das auch für bereits bestehende Vorsorgeverträge.

Wechseln Sie den Arbeitgeber, geht Ihr Anspruch auf die Vorsorge nicht verloren. Es kann allerdings sein, dass Sie nicht Ihren bestehenden Vertrag weiter besparen können, sondern nur ein Angebot Ihres neuen Arbeitgebers nutzen können zu eventuell schlechteren Konditionen. Der neue Betrieb ist nicht verpflichtet, Ihren bestehenden Vorsorgevertrag fortzuführen. Wegen der enormen Abgabenlast im Rentenalter mit Kranken- und Pflegeversicherungsbeiträgen und der geringeren

gesetzlichen Rente durch Entgeltumwandlung ist dieses Modell kritisch zu beäugen und nur anzuraten, wenn Sie einen umfangreichen Arbeitgeberzuschuss von möglichst 30 Prozent und mehr bekommen und Sie eine Langfristperspektive bei diesem Arbeitgeber haben.

Vorsorgen ohne Förderung?

Für die Altersvorsorge finden Sie darüber hinaus eine Vielzahl an Angeboten ohne staatliche Förderung, zum Beispiel private Rentenversicherungen. Das Prinzip dahinter: Sie zahlen regelmäßig in eine solche Versicherung ein und erhalten dann im Alter daraus eine regelmäßige Rente. Die Nachteile: Mit einem solchen Versicherungsvertrag sind enorme Abschlusskosten verbunden. Außerdem binden Sie sich bei einem Vertragsabschluss zum Beispiel mit Anfang oder Mitte 20 für über 40 Jahre an eine solche Versicherung. Wollen Sie das wirklich? Eine vorzeitige Kündigung wäre mit Verlusten verbunden, und wer weiß, ob Sie sich beispielsweise in zehn Jahren nach der Geburt eines Kindes noch die Beiträge für den Versicherungsvertrag leisten können? Oder vielleicht interessieren Sie sich in ein paar Jahren für eine Eigentumswohnung, für deren Finanzierung Sie Geld benötigen. In dem Fall können Sie mit den in die Rentenpolice investierten Beiträgen wenig anfangen.

Flexibler bleiben Sie auch auf lange Sicht mit einem Fonds-Sparplan. Auch wenn Sie den langen Anlagehorizont – die Vorsorge fürs Alter – im Blick haben, bietet diese Anlageform zum Beispiel die Chance, bei einem finanziellen Engpass die Zahlungen auszusetzen.

Erfolgreich bei Bank und Versicherer

Wenn Sie Geld übrig haben und zur Bank gehen, um es dort anzulegen, sollten Sie eine Sache immer im Hinterkopf haben: Der Bankmitarbeiter ist kein neutraler Berater, sondern er ist ein Verkäufer, der Sie für das eine oder andere Anlageprodukt gewinnen möchte. Er profitiert mit (er bekommt Provisionen), wenn er möglichst viele Verträge verkauft. Ähnlich ist es, wenn Sie zu einem Versicherungsvermittler gehen, der Sie bei der Altersvorsorge unterstützen soll. Deshalb ist es wichtig, dass Sie sich vorher selbst informieren und ein paar Punkte beachten:

→ Passt diese Form der Geldanlage überhaupt zu mir? Benötigen Sie tatsächlich bereits einen Versicherungsvertrag? Oder wissen Sie zu Beginn Ihrer Ausbildung vielleicht noch gar nicht, ob Sie in drei oder fünf Jahren noch studieren wollen, sodass Sie dann Geld benötigen und für Versicherungsbeiträge nichts mehr übrig haben?

→ Sind die Leistungen und Bedingungen in Ordnung? Wenn Sie sich entschieden haben, zum Beispiel einen Banksparplan abzuschließen, schauen Sie sich die Bedingungen an. Wie lange sind Sie an den Vertrag gebunden? Wie ist der Zinssatz tatsächlich? Wenn es in der Werbung zum Beispiel heißt, dass Zinssätze bis zu zwei Prozent möglich sind, kann es sein, dass Sie diesen Satz erst nach fünf Jahren Sparen bekommen und sich in der Zeit davor mit deutlich niedrigeren Zinsen zufriedengeben müssen. Lassen Sie sich also nicht von hohen Einzelwerten locken, sondern schauen Sie sich die Zahlenkolonnen in den Angebotsbroschüren an.

→ Sind all Ihre Fragen geklärt? Unterschreiben Sie nicht sofort, sondern lesen Sie sich Infomaterial gut durch und vor allem: Fragen Sie Ihr Gegenüber, wenn Sie etwas nicht verstehen. Es spricht außerdem absolut nichts dagegen, dass Sie die Unterlagen mit nach Hause nehmen.

→ Gibt es bessere Angebote? Gerade, wenn Sie eine größere Summe anlegen wollen, zum Beispiel, weil Sie vor Kurzem etwas geerbt haben, nehmen Sie sich die Zeit, das Angebot Ihrer Bank mit den Leistungen anderer zu vergleichen. Vielleicht finden Sie bei einer anderen Bank noch etwas, was besser zu Ihnen passt.

Ausblick:
mit dem Abschluss
in der Tasche

Endlich richtiges Geld verdienen: Wenn Sie nach
Ausbildungs- oder Studienende beruflich durchstarten,
kommen auch bei den Themen Finanzen, Versicherungen
und Recht wieder neue Aufgaben auf Sie zu.

Alltagsfinanzen

→ **Finanzcheck:** Wie steht es mit Einnahmen und Ausgaben bei veränderter Lebenssituation? Klären: Für welche Art von Wohnung reicht das „neue" Budget? Veränderungen bei Beiträgen und Gebühren einplanen, zum Beispiel steigende Ausgaben für Konto oder Versicherungen berücksichtigen, wenn sich Ihr Status mit dem Ende der Ausbildung oder des Studiums verändert.

→ **Brutto/Netto:** Wie viel Geld steht Ihnen am Monatsende tatsächlich zur Verfügung? Wenn Sie ein Jobangebot erhalten, können Sie mit Gehaltsrechnern im Internet selbst ausrechnen, was netto von Ihrem Bruttoverdienst übrig bleibt. Solche Rechner bieten zum Beispiel einige größere Krankenkassen im Internet an. Sehr hilfreich und neutral informiert Sie dazu ihre-vorsorge.de.

→ **Geld ausgeben:** Eine neue Wohnungseinrichtung, ein Auto oder ein Umzug in eine andere Stadt kosten Geld. Wenn für die Finanzierung die eigenen Mittel nicht ausreichen, sollten Sie wenn möglich nicht das Girokonto überziehen, da die Dispozinsen hoch sind. Prüfen Sie, ob ein Ratenkredit infrage kommt. Vergleichen Sie mehrere Angebote.

→ **Mit dem Finanzamt rechnen:** Ausgaben für einen berufsbedingten Umzug können Sie in der Steuererklärung abrechnen. Die Steuererklärung lohnt sich häufig, auch wenn Sie nicht dazu verpflichtet sind. Sammeln Sie weitere Belege, etwa für Bewerbungskosten oder Fortbildungen, die Sie nicht erstattet bekommen.

Verträge

→ **Rabatte fallen weg:** Der günstigere Handyvertrag, Rabatt beim Girokonto, Nachlässe für Versicherungen – mit Ausbildungs- oder Studienende ist das vorbei. Informieren Sie Ihre Vertragspartner.

→ **Arbeitsvertrag:** Prüfen Sie Ihren „ersten" richtigen Arbeitsvertrag. Wenn Sie unsicher sind, was einzelne Punkte bedeuten, fragen Sie zum Beispiel bei einer Rechtsanwaltskanzlei nach. Auch die Gewerkschaften können weiterhelfen – vorausgesetzt, Sie werden dort Mitglied.

→ **Mietvertrag:** Eigene Wohnung statt WG- oder Wohnheimzimmer? Prüfen Sie den Mietvertrag genau.

Sparen und Vorsorgen

→ **Finanzcheck:** Wie viel Geld kann ich bei meinem neuen Einkommen für die Vorsorge beiseitelegen? Die Verbraucherzentralen beraten rund um Geldanlage, Altersvorsorge, Versicherungen (und Immobilienfinanzierung).

→ **Notfallpolster:** Wenn Sie noch kein Tagesgeldkonto haben, eröffnen Sie eines, um ein Polster für Notfälle anzusparen. Das sollten Sie haben, ehe Sie Ihre freien Mittel in Altersvorsorge stecken. Haben Sie schon ein Konto, erhöhen Sie wenn möglich das Polster.

→ **BAföG-Rückzahlung:** Beachten Sie bei Ihren Vorsorgeplänen, dass sich in einigen Jahren das Bundesverwaltungsamt bei Ihnen meldet und einen Teil der BAföG-Leistungen zurückverlangt. Informieren Sie das Bundesverwaltungsamt über eine neue Adresse.

→ **Flexibel bleiben:** Es ist zwar sinnvoll, frühzeitig die Rente mit im Blick zu haben. Doch entscheiden Sie sich gerade zum Berufseinstieg lieber für flexible Anlagemöglichkeiten und nicht für lang laufende Verträge wie eine private Rentenversicherung ohne staatliche Förderung. Dann behalten Sie mehr Spielräume, etwa für einen möglichen Immobilienerwerb oder wenn Sie eine Familie gründen. Lang laufende Vorsorgeverträge können Sie später immer noch abschließen.

→ **Sparen mit staatlicher Hilfe:** Wenn Sie in Altersvorsorge investieren wollen, dann möglichst mit Förderung vom Staat, zum Beispiel in Form eines Riester-Fondssparplans oder mit betrieblicher Altersvorsorge.

Versicherungen

→ **Eigene Krankenkasse:** Sie müssen selbst Mitglied einer Krankenkasse werden, wenn Sie bisher über die Eltern versichert oder in der studentischen Krankenversicherung waren.

→ **Kassenwechsel:** Passt eine andere Krankenkasse besser zu Ihnen? Solange Sie während der Ausbildung nur ein niedriges Einkommen hatten, machten sich Beitragsunterschiede zwischen den Kassen kaum bemerkbar, mit steigendem Gehalt aber schon. Achten Sie aber nicht nur auf den Beitragssatz, sondern auch auf die Leistungen, die Sie dafür erhalten.

→ **Kasse oder privat?** Mit steigendem Einkommen oder je nach Berufssituation kann der Wechsel von der gesetzlichen in die private Krankenversicherung infrage kommen. Interessant ist die private Krankenversicherung insbesondere für Beamte. Angestellte, die aufgrund ihres Einkommens in die private Krankenversicherung wechseln dürfen, sollten überlegen: Bin ich bereit, auf Dauer für die meist etwas besseren Leistungen auch mehr zu bezahlen? Alle, die planen, eine Familie zu gründen, sollten außerdem berücksichtigen, dass es in der privaten Krankenversicherung keine beitragsfreie Familienversicherung gibt.

→ **Privathaftpflichtversicherung:** Sie benötigen einen eigenen Vertrag. Der Schutz über die Eltern ist nicht mehr möglich.

→ **Berufsunfähigkeitsversicherung:** Wenn Sie noch keinen Vertrag während Ausbildung oder Studium abgeschlossen haben, dann holen Sie es möglichst schnell nach.

→ **Wohnungseinrichtung absichern:** Mit steigendem Wert Ihrer Einrichtung wird eine Hausratversicherung wichtiger. Holen Sie zum Beispiel nach dem Auszug aus dem Studierendenwohnheim oder WG-Zimmer Angebote für Versicherungsschutz ein. Überprüfen Sie immer wieder mal, ob der vorhandene Schutz noch zu Ihrer Einrichtung passt.

Anhang

Kurz und kompakt: Hier finden Sie ein Stichwortverzeich-
nis, das Ihnen den Weg zu den richtigen Seiten weist, und
die Adressen der Verbraucherzentralen in Deutschland.

Stichwortverzeichnis

Adressen

VERBRAUCHERZENTRALEN

**Verbraucherzentrale
Baden-Württemberg e. V.**
Paulinenstraße 47
70178 Stuttgart
Telefon: 07 11/ 66 91-10
Fax: 07 11/66 91-50
www.vz-bawue.de

Verbraucherzentrale Bayern e. V.
Mozartstraße 9
80336 München
Telefon: 0 89/5 52 79 4-0
Fax: 0 89/53 75 53
www.vz-bayern.de

Verbraucherzentrale Berlin e. V.
Hardenbergplatz 2
10623 Berlin
Telefon: 0 30/2 14 85-0
Fax: 0 30/2 11 72 01
www.verbraucherzentrale-berlin.de

**Verbraucherzentrale
Brandenburg e. V.**
Babelsberger Straße 12
14473 Potsdam
Telefon: 03 31/2 98 71-0
Fax: 03 31/2 98 71-77
www.vzb.de

Verbraucherzentrale Bremen e. V.
Altenweg 4
28195 Bremen
Telefon: 04 21/1 60 77-7
Fax: 04 21/1 60 77 80
www.verbraucherzentrale-bremen.de

Verbraucherzentrale Hamburg e. V.
Kirchenallee 22
20099 Hamburg
Telefon: 0 40/2 48 32-0
Fax: 0 40/2 48 32-290
www.vzhh.de

Verbraucherzentrale Hessen e. V.
Große Friedberger Straße 13–17
60313 Frankfurt/Main
Telefon: 0 69/97 20 10-900
Fax: 0 69/97 20 10-40
www.verbraucher.de

**Verbraucherzentrale
Mecklenburg-Vorpommern e. V.**
Strandstraße 98
18055 Rostock
Telefon: 03 81/2 08 70-50
Fax: 03 81/2 08 70-30
www.verbraucherzentrale-mv.eu

Verbraucherzentrale Niedersachsen e. V.
Herrenstraße 14
30159 Hannover
Telefon: 05 11/9 11 96-0
Fax: 05 11/9 11 96-10
www.vz-niedersachsen.de

**Verbraucherzentrale
Nordrhein-Westfalen e. V.**
Mintropstraße 27
40215 Düsseldorf
Telefon: 02 11/38 09-0
Fax: 02 11/38 09-216
www.verbraucherzentrale.nrw

**Verbraucherzentrale
Rheinland-Pfalz e. V.**
Seppel-Glückert-Passage 10
55116 Mainz
Telefon: 0 61 31/28 48-0
Fax: 0 61 31/28 48-66
www.vz-rlp.de

Verbraucherzentrale des Saarlandes e. V.
Trierer Straße 22
66111 Saarbrücken
Telefon: 06 81/5 00 89-0
Fax: 06 81/5 00 89-22
www.vz-saar.de

Verbraucherzentrale Sachsen e. V.
Katharinenstraße 17
04109 Leipzig
Telefon: 03 41/69 62 90
Fax: 03 41/6 89 28 26
www.vzs.de

Verbraucherzentrale Sachsen-Anhalt e. V.
Steinbockgasse 1
06108 Halle
Telefon: 03 45/2 98 03-29
Fax: 03 45/2 98 03-26
www.vzsa.de

**Verbraucherzentrale
Schleswig-Holstein e. V.**
Hopfenstr. 29
24103 Kiel
Telefon: 04 31/5 90 99-0
Fax: 04 31/5 90 99-77
www.vzsh.de

Verbraucherzentrale Thüringen e. V.
Eugen-Richter-Straße 45
99085 Erfurt
Telefon: 03 61/5 55 14-0
Fax: 03 61/5 55 14-40
www.vzth.de

Verbraucherzentrale Bundesverband e. V.
Rudi-Dutschke-Straße 17
10969 Berlin
Telefon: 0 30/2 58 00-0
Fax: 0 30/2 58 00-518
www.vzbv.de

Bildnachweis

Fotolia – Seite 10: yanlev; Seite 26: goodluz; Seite 35: Racle Fotodesign;
Seite 39: Lothar Drechsel; Seite 46: Monster Ztudio; Seite 48: Kzenon;
Seite 57: Stockfotos-MG; Seite 66: DURIS Guillaume; Seite 68: Africa Studio;
Seite 71: Monkey Business; Seite 74: stockphotokae; Seite 78: karepa;
Seite 87: industrieblick; Seite 90: dima_sidelnikov; Seite 94: zeremskimilan;
Seite 115: alfexe; Seite 116: nuclear_lily; Seite 134: Piotr Marcinski;
Seite 146: Robert Kneschke; Seite 150: Olaru Radian

Umschlagfoto
iStock – virtualspace

Expertenfotos
Bernhard Börsel, Seiten 59, 62: Kay Herschelmann
Daniel Gimpel, Seiten 36, 38: privat
Thomas Hentschel, Seiten 139, 141: Verbraucherzentrale NRW
Harald Patt, Seiten 42, 70: privat
Ulrich Müller, Seite 64: CHE/Carsten Hokema
Dr. Petra Nau, Seiten 53, 96: privat
Ulrich Ropertz, Seiten 100, 102, 114: Deutscher Mieterbund
Fabian Schmidt, Seiten 55, 56: privat
Martin Wahlers, Seiten 17, 19: privat
Elke Weidenbach, Seiten 128, 131: Verbraucherzentrale NRW

Impressum

Herausgeber

Verbraucherzentrale
Nordrhein-Westfalen e. V.
Mintropstraße 27, 40215 Düsseldorf
Telefon: 02 11/38 09-555
Telefax: 02 11/38 09-235
E-Mail: ratgeber@verbraucherzentrale.nrw
www.verbraucherzentrale.nrw

Mitherausgeber

Verbraucherzentrale Baden-Württemberg e. V.
Verbraucherzentrale Hamburg e. V.
(Adressen → Seite 156)

Autorin

Isabell Pohlmann, Bielefeld

Koordination

Wolfgang Starke

Lektorat

Christina Seitz, Düsseldorf
www.christina-seitz.de

Layout und Satz

ce redaktionsbüro für digitales publizieren,
Heinsberg

Umschlaggestaltung

Ute Lübbeke, Köln
www.LNT-design.de

Gestaltungskonzept

Lichten Kommunikation und Gestaltung,
Hamburg
www.lichten.com

Druck

AZ Druck und Datentechnik GmbH, Kempten

Gedruckt auf 100 Prozent Recyclingpapier

Redaktionsschluss: März 2019

1. Auflage, April 2019

ISBN 978-3-86336-107-5

Printed in Germany

Wohnungsmängel – fehlerhafte Betriebskostenabrechnung – ungerechtfertigte Mieterhöhung?

Dieses Handbuch schafft Klarheit: Sie erfahren unter anderem, wann Sie als Mieter die Miete mindern können, wie eine ordnungsgemäße Abrechnung aussehen sollte und an welche Vorgaben Vermieter bei einer Mieterhöhung gebunden sind. Mit den passenden Vertragsformularen und zahlreichen Checklisten haben Sie eine sichere Grundlage für Ihre Verhandlungen mit dem Vermieter.

Das Mieter-Handbuch

Mietvertrag, Nebenkosten, Modernisierung, Mieterhöhung, Mietminderung, Kündigung

240 Seiten | vierfarbig
ISBN 978-3-86336-095-5
14,90 Euro
www.ratgeber-verbraucherzentrale.de